국제문학사선 49
한국문학 대표 선집(2) 사계절 공동시집 1

별빛이 흐르는
시내를 건너

국제문학시선 49
한국문학 대표선집(2) 사계절 공동시집 1

별빛이 흐르는 시내를 건너

| 1쇄 발행   2024년 11월 30일
| 지 은 이 : 김보현 이경숙 조규옥 김매옥 박영의
| 김귀자 손순용 이오연 장영희 이종설
| 이헌석 박종국 고민관 김살롬 이태범
| 발 행 인 : 김성구
| 발 행 처 : 국제문학사
| 등록번호 : 2015.11.02. 제2020-000026호
| 주   소 : 서울특별시 광진구 광나루로 15길 41 (102호)
| 전   화 : 02 - 365 -7271
| 주 거래은행 / 농협 351-0914-8841-23(김성구 국제문학사)
| 전자우편 E-mail kims0605@daum.net
| ISBN :979 - 11 - 89805 -56-2 (03810)

값 15,000원
잘못된 책은 본사나 구입하신 곳에서 바꿔드립니다.
ⓒ 2024. Printed in Seoul, Korea

국제문학 시선 49

韓國文學 대표선집(2)

사계절 15인 공동시집 ①

별빛이 흐르는 시내를 건너

김보천 이경숙 조규옥 김매옥 박영의
김귀자 손순용 이오연 장영희 이종설
이현석 박종국 고민관 김샬롬 이태범

머리말
한국문학 대표선집 사계절 공동시집을 엮으면서

김성구
시인, 문학평론가
국제문학 발행인

    한국의 사계절인 봄, 여름, 가을, 겨울은 창조주께서 주신 가장 아름다운 선물이다. 한국인으로 태어나서 사계절의 아름다움에 빠져보지 못한다면 그것은 너무나도 안타까운 일이다. 요즘처럼 하루하루 살아가기 어려운 시대를 사는 이들은 계절이 변하는 것도 버겁다고 말한다.
    삶에 지쳐 잠시 멈춰 있을 때 담벼락에 붙여진 시 한 편, 지하철 승강장 유리에 붙여진 시 한 편이 힘이 될 때가 있다.
    한국의 아름다운 사계절을 노래하는 시인들의 시를 모아 독자들에게 소개하려고 한다. 현대 시인의 시를 소개하면서 한국의 사계절과 사랑을 집중적으로 노래하고자 한다. 이 시집을 읽는 이들에게 별빛 흐르는 시내를 건너면 사랑하는 당신과 함께 걷는 길 위에서 행복을 찾게 될 것이라는 희망을 전한다.

목 차

4 ·························· 머리말

김보현

14 ·························· 인생의 즐거움
15 ·························· 당신 생각에
16 ·························· 세월의 마당
17 ·························· 첫사랑의 그리움
18 ·························· 남아 있는 사랑으로
19 ·························· 내 영혼의 안테나
20 ·························· 그 겨울의 카페
21 ·························· 가던 길로
22 ·························· 그리움의 당신은
23 ·························· 그대 떠난 그 자리

이경숙

26 ·························· 어느 오월
27 ·························· 가을엔 마당을 쓸자
28 ·························· 민들레
29 ·························· 씨앗의 인내
30 ·························· 2월의 찬가
31 ·························· 풀루메리아 피던 날
32 ·························· 에덴의 봄날
33 ·························· 봄의 노래
34 ·························· 시간 접기
35 ·························· 무명배우

조규옥

- 38 ······ 이 생명 다할 때까지
- 39 ······ 이 세상 삶
- 40 ······ 이슬에 젖은 사랑
- 41 ······ 등대지기였던 그 사람
- 42 ······ 너와 나 약속은
- 43 ······ 추억은 낙엽처럼
- 44 ······ 남겨준 그 한마디
- 45 ······ 그림자
- 46 ······ 거치른 세상
- 47 ······ 나를 부른다

박영의

- 50 ······ 겨울 창
- 51 ······ 가슴에 묻는다
- 52 ······ 몽당연필 춤추는 아침
- 53 ······ 미망인
- 54 ······ 눈빛으로 말하는
- 55 ······ 그것은 사랑이었습니다
- 56 ······ 길고 넓고 하얗게
- 57 ······ 조기향
- 59 ······ 어릴 적 비 오던 날
- 60 ······ 함평댁

김 매 옥

64	매화꽃
65	시골마을
66	아카시아 꽃
67	우리 집 아파트
68	구례 산수유 축제
69	꽃길
70	벚꽃
71	그 지난날
72	세상에 살아 있음이
73	행복한 삶

김 귀 자

76	목요일의 휴식
77	밤의 묵시
78	연인
79	겨울을 싫어하는 나
80	어느 저녁에
81	타인이 된 벗들
82	인간과 삶
83	사랑과 모반
84	무차원의 진리
85	고수부지의 교감

손순용

- 88 ············· 병풍산 층층나무 - 인생 나무
- 89 ············· 층층나무- 봄, 직장생활
- 90 ············· 층층나무-여름, 성지순례
- 91 ············· 층층나무-가을, 담양군가족센터
- 93 ············· 층층나무-가을, 대치지역아동센터
- 94 ············· 층층나무-겨울
- 95 ············· 장맛비
- 96 ············· 별빛 그리움 소녀상
- 97 ············· 사귀어요
- 98 ············· 그림자와 아버지

이오연

- 102 ············· 봄
- 103 ············· 봄날에 피어 날 가련한
- 105 ············· 동백꽃
- 107 ············· 짙어지는 겨울비
- 109 ············· 남방에서 온 편지
- 111 ············· 영벽강(映碧江)
- 112 ············· 미소를 간직하고 달려간 바다
- 114 ············· 광합성 인간
- 116 ············· 향기 이는 골목
- 118 ············· 바람을 흔드는 붉은 광장

장영희

120	정월 초하루
121	찬바람
122	아빠 엄마 나눔
123	가을 재촉하네
124	들녘에 벼 이삭
125	고향
126	우리 집 담장
127	오월의 풍경
128	아카시아 꽃
129	고향의 봄

이종설

132	어머니(1) -구순의 아침
133	어머니(2)
134	어머니(3)
135	어머니(4)
136	어머니(5) -가시고
137	어머니(6) -보내고
138	어머니(7) -보내고
139	어머니(8) -님을 보내면서
140	어머니(9) -조사
142	어머니(10) -조사

이 헌 석

144 ················· 꽃 잔치
145 ················· 목포애
147 ················· 엄마 꽃
148 ················· 파란 싹
149 ················· 노랑 수선화
150 ················· 봄비
151 ················· 가을
153 ················· 어쩌라고
154 ················· 참새

박 종 국

156 ················· 새 세상
158 ················· 어머니
160 ················· 봄
161 ················· 지렁이
163 ················· 삼우제 재회
164 ················· 기다림
165 ················· 세상에 이런 일이
167 ················· 요지경
168 ················· 정이품 소나무
170 ················· 우리말 나라 사랑

고민관

172	그대 기다림에
174	그때 그 시절
176	나이가 드니
178	널 만나면
180	늘 고마운 당신
182	벚꽃
184	생각난다
186	아름다운 꽃 민들레
188	익어가는 가을
190	인고의 시간

김 샬 롬

194	Gas Lighting(가스라이팅)
196	하늘 닮은 노래
198	예비된 면류관
200	contingency Plan(미래의 계획)
201	지난 태풍
202	장마 지난 하늘
203	사 명
204	눈물 없는 울음
206	파도
207	님의 음성

| 이 태 범 |

210	연
211	5월 푸른 세상
212	가을에
213	그대를 사랑해
214	감사해 사랑해 행복해
215	노을길에 물드는 노을종
216	봄 봄비 봄바람
217	봄맞이
218	세상 이야기
219	잘하나 못하나 오늘이 보물

김보현

- 예성문학회 회장, 목사
- 3.1절 100주년 기념 민족대표 역임
- 번동자연재활요양원 원장
- 제4회 국제문학신인작가상 시부문 당선
- 한국문인협회 회원, 국제문학문인협회 부회장
- 명지대학교 교수(철학박사)/전
- 시집:『사랑할 수 있을 때』외 8권 외 공동시집 다수

인생의 즐거움

사는 게 가장 행복인 것은
공부하며 얻은 것으로 진출하고
배우자를 만나 결혼,
하나 둘 새로 생기는 식구들
사람에게만 누리는 즐거움으로
사는 날의 기쁨이다

새로운 목표를 이뤄가기 위해
고군분투의 결과로
목표점에 이르렀을 때
쾌감을 누린다

마음먹은 만큼 먹고 쓰고 나누고
이 얼마나 큰 즐거움인가!
따스한 피가 흐를 때까지
잔치를 열어간다.

당신 생각에

어쩌다 만들어진 추억들이
내 영혼 깊은 곳에 새겨진 탓에
그리움으로 발전되어
잊을만하면 꿈틀대는 추억장들,
태울 수 없는 탓에
비밀처럼 보관되어서일까?
그것이 때로는 보물이 되었다

지나고 나면,
별거 아닌 것이 추억의 흔적 되어
잊을 수 없는 감동될 줄을
어찌 알았으랴

더 곱고 신선한 것들을 찾아
당신이 남겨준 향수들을
편지로 엮어,
서로 그리워하여 영원으로 달리자.

세월의 마당

알 수 없는 세월의 시간들
목적지를 알리지 않고
정처 없이 잘도 흘러 간다
가면서 기회를 잡으라고
여러 신호로 알리지만,
영혼의 부딪힘이 없는 자는
그냥 보내어진다

아직은 세월 마당에 있다 해도
아무런 생각이 없다면,
이미 저 멀리 가버린 세월

의미 없는 인생이 어디 있으랴

크든 작든 꿈 하나 일구도록
목숨 걸고,
작품 하나 꼭 만들어가자.

첫사랑의 그리움

인생사에서 처음의 것은
세월이 많이 흘러간다 해도
가슴 한쪽에 남아
그리움의 공터로 남아 있다
그것이 좋은 일이든,
기억하고 싶지 않은 것이라도
잘 박힌 못과도 같다

중요 시험에 합격하고 승진하며,
제대로 된 평가를 받던 날과
사랑을 맺고 가정을 이룬 날과
자녀의 출생은 감격일 뿐

흰 머리카락의 숫은 증가해도
첫사랑의 그리움은,
사람에게만 주어진 은총으로
행복을 노래하게 한다.

남아 있는 사랑으로

허리가 굽은 어르신들,
잘 걷지 못해 지팡이를 의지하고
보이지 않는 시력,
주름살은 밭고랑이 되었지만
자식 자랑하는 시간이 되면,
앞 다퉈 큰 소리로 말한다
때로는 눈물을 머금은 자세로
말을 잘 잇지는 못해도
내 자식이 최고란다

옆 어르신이 질투라도 하면
순간에 고함을 지르며
핀잔을 들으면서도
아직 자식에게 전할
남은 사랑이 있어서일까?

노모가 되신 어버이들,
영원한 사랑의 모델이시다.

내 영혼의 안테나

잡힐 듯 잡은 듯,
돌아보면 허망하여 커지는 숨소리
그래도 발걸음을 옮겨야 한다
따스한 피가 흐르기에
멈출 수 없는 남은 소망들

영혼의 안테나 접어지면
땅과 하늘의 소리는
저 멀리 사라지고 말기에
순간순간 기름칠이다

지금껏 목숨 걸고 기도했던 시간들
아직은,
품고서 달려야 할 게 있기에
심장은 이렇게도 잘도 뛴다

고마운 내 인생아!

그 겨울의 카페

물을 머금은 눈을 피하고자
언덕 옆 카페엔,
이미 커플들은 커피 향을 맡으며
에너지를 받고 있다
높은 천장 밑 희미한 등불은
찻잔에 비친
연인의 밝은 모습은
행복으로 가득차 있다

가야 할 목적지는 뒤로한 채
이곳에 머물러
행복의 우물을 만난 듯
그칠 줄 모르는 격조 높은 언어들,
때로는 침묵이지만,
영혼의 속삭임을 이어간다

먼 훗날,
오늘의 풍경을 눈과 마음에 담아
이곳에 오를 수 있을까?

가던 길로

한번 가기로 정한 것이라면
소망을 갖고,
힘차게 걸어가 보세
또 다른 길은 있다고 하나
하늘의 뜻으로 알고
온 마음 다해 걸어온 것이라면
그냥,
가던 길을 더 가보세

오르기 쉬운 언덕은 없고
건너기 쉬운 강도 없으니
너랑 나랑,
함께 걷자고 했던 동행자 있으니
손을 굳게 잡고 가보세

가다 보면 오아시스도 만나고
숲을 만나,
쉼터도 주어질 터이니
따스한 피가 흐를 때까지
수도자의 자세로 그냥 가보세.

그리움의 당신은

동시대를 살아가면서
그리움 남기고서
머나먼 길 떠난 당신 생각에
오늘 밤도 향수에 젖어
눈물이 고이는 것은
숨길 수 없는 보고품입니다

냉랭한 공기는 파고들어
멍든 가슴을 어찌할 수 없을 때
따스한 말 한마디로
얼어있던 가슴을 데웠고
컴컴한 밤길 같은 인생길을
기경할 빛을 만나게 했습니다

당신을 만난 이후로
잊을 수 없는 연인되었고,
1천년은 같이 있고 싶습니다.

그대 떠난 그 자리

낙엽 쌓인 곳에 이르렀을 때
이미,
스산한 바람은 일어나고
밟히는 낙엽은
소리를 지르며 한 해를 보내고
흔들리는 나무는
남은 것까지 다 털어낼 때
잡은 손은 따뜻했다

잘 맞지 않는 냉혹한 현실로
헤어짐 속에서
추억의 한편으로 남아
정지된 영혼의 샘터는 황량할 뿐

가끔, 그대 떠난 자리에 가
마음을 달랜다
그래야만 남은 사랑이 흘러
나를 감싸는 기운으로
남은 날을 이어갈 수 있어서다.

이경숙(Stella)

시인
21회 국제문학신인작가상 시 당선
2011년 하와이 이민
2015년 하와이H문예공모전 당선
2016년 하와이 해외동포 글짓기 대상
2016년 하와이문인회 시화전 참여 및 동인지 참여
하와이문인회 정회원
국제문학 미주지역 하와이지사장

어느 오월

오월의 담장 너머로
빨간 장미 붉어진 얼굴 내밀고
높다라이 키 큰 파파야나무
흥부네 아이들처럼 올망졸망
매달린 다둥이들
초록에서 노랑으로 익어간다
앙증스레 나뭇잎 사이에 숨어 있는
꼬마석류 언제 어른이 되어
가슴속에 루비보석 한 아름 품으려나
구레나룻 수염에 햇볕이 그을린 멕시칸 아저씨
장미꽃에 물주면서 함박웃음 입에 물고 있다
멀리 보이는 보랏빛 자카란타 응원의 물결
골목을 지키고 보랏빛으로 거리가 물들어 간다

가을엔 마당을 쓸자

가을엔 어디서나 낙엽냄새가 난다
여름 내내 울어대던 귀뚜라미
베짱이의 묵직한 첼로 연주가 시작되면
그들은 무언의 이별을 고한다
다시는 만날 수 없다는 걸 이미
알고 있기라도 하듯이
구절초 바위틈새마다 피어나고
가을의 전령답게 코스모스 연약한
몸을 갈바람에 맡길 때면
파란 하늘을 이고 익어가는 주홍빛감이
찬 서리 맞으면서 까치들을 불러 모은다
가을엔 사람들의 미소에서도 어쩐지
가을빛 서늘하고 깊은 향기가 배어나온다
높은 산마루턱에 몸 부비며 내는 갈대들의
높아졌다 낮아졌다 하는 바이올린의
선율 오케스트라의 연주가 붉게 물든
단풍들의 경청 속에 숲속은 경건해 진다
가을엔 가을걷이로 어지럽혀진 마당을 쓸자
가슴엔 아직 남은 가을 부스러기를 담고
향기로운 낙엽 냄새를 맡자

민들레

노랑색 왕관을 쓰고 오직
외줄기 하나로 버텨낸 용기
햇살 눈부신 날에 홀씨 하나
바람 따라 온 세상 자유롭게 떠돌아
마음 닿는 곳에 맺어진 눈물겨운 인연
남겨진 사랑이야기
떠나도 마음만은 홀씨로 남아
그대 곁에 머물러
보랏빛 물방울 속에서 눈바램한다

씨앗의 인내

유리로 만들어진 어둠
플라스틱 비닐집에서 간접으로 체험하며
자신도 알지 못한 채 메타버스(Metaverse)의
현실 같은 공간
끝내 모르고 한 개의 씨앗으로 남아
이 유전을 계승한다.
씨앗은 처음 순수했던 자신의 뿌리기 궁금하나.
사람들의 수익과 생산성에 관여되지 않은
처음이 시작된 최초의 본질이 궁금하다
fast food와 현혹될 수밖에 없는 만 가지
음료들과 아름다운 의상들. 나무와 꽃들이
심겨진 어항 속에서 공존하는 사람들의 유대관계
어둠이 깔려있는 허공 속에는 삼켜야 할
수많은 인내들이 붉은 깃을 세운 칸나의
오만함으론 심장에 비수처럼 녹아내려
후천적으로 습득된 생활화된 사랑

2월의 찬가

이월은 양보와 배려의 달이다
얼음으로 두텁던 강물 등을 토닥이며
철없는 맏형을 배려하는
따스한 가슴이다
움츠렸던 새봄이 밟고 지나가야 하는
문지방이기도 하고 빗장을 열고
새로운 계절을 손짓하여
불러 모으는 마중물 같은
양보의 둘째 달이다
이월은 나를 내려놓고 다가오는
많은 봄 이야기들을 빼곡하게
적어 넣을 수 있는 한 장의 백지같이
넉넉한 마음으로 남은 달을 설계할 수 있는 달이다

풀루메리아 피던 날

어느 봄날 보일 듯 말듯
잔잔한 미소를 띠며 배시시 웃던 날
너를 바라보며 공유 했던 찰나의 이심전심
가늠할 수 없는 슬픔들이 고여 드는 건
네가 아니라 나였어
산마루에 걸린 무지개를 걷어와
초록 잔디에서 미냥 훌라우프를 돌리고 싶었어
싸한 바다 내음에 몸을 말리고 있던
야자나무와 주고받았던 은밀한
밀어를 내심 질투하고 있었던 거야
먼지만한 먹이를 실어 나르는 개미를
바라보며 수천만 배나 더 커다란
나의 육신이 쓸모없는 살덩이에
불과하다는 자괴감도 들었지
네 몸에서 터트려지는 호흡을 함께
느끼며 파도에 쓸려 쌓였다
허물어지는 모래알처럼 차라리
죽고만 싶었지

에덴의 봄날

설익은 씨앗들이 총총 걸음으로
얼음문을 열고 들어와
희망으로 가는 길에서 인내를 배운다
겨자씨만 한 조그마한 알갱이가
기적을 일구어 사막에 꽃이 피고
거랑이 되고 강물을 이르고
기울어져 가던 달빛이 나뭇가지에
걸리던 날 처음으로 만월을 꿈꾸었지
어둠속에서 잠자던 영혼들이 깨어나
유보되었던 약속들을 되새기며
온 산과 들엔 연둣빛 새싹들의
향기로운 노랫소리 울려 퍼진다

봄의 노래

오월의 단내가 가득히 퍼지는 계절
해산을 마친 봄이 떠나려는지
마지막 힘을 다하여 펼쳐지는 잔치
한껏 뽐내며 피어나는 꽃들은 시샘도 없이
꽃숲을 이룬다

아담하고 이름도 정거운 야생회들 속엔
먼 이국땅에서 이민 온 꽃들로 많다
튜울립, 히아신스, 수선화…
사람마다 풍기는 향기가 다르듯이
꽃들로 저마다 풍겨 나오는 향기와
이미지도 제각기이다

어지러운 봄꽃향기에 취하는가 싶으면
어느새 진초록 세상이 펼쳐져 포르테로
바뀌어 지는 음계 사이엔 열정이 충만해진다

시간 접기

시간을 가위로 마름질 하여 접는다
유년에는 나비도 접고 무지개도 접고
초록미래도 접곤 했다

강과 산이 빠른 속도로 바뀌어 질수록
시간도 단단해져 옛날처럼 잘 접히지가 않는다

안간힘을 다하여 접고 또 접히는 갈피마다
숨어 몰래 짝사랑 했던 그대의 고운 미소가 접히고

그대가 떠날 때 흘렸던 젖은 시간의
갈피 속에 눈물이 구겨진 채로 접혀있다

잘못 접혀진 시간들은 꼬깃꼬깃한 채로 남아있어
좀체로 펴지지가 않지만

목숨 살아 있는 동안 시간 접기를 멈출 수가 없다
비록 구김살의 흔적이 남을지라도....

무명배우

아직 끝나지 않은 무대에서
춤을 추고 노래를 한다

리허설조차 없는 무대에선 오직
주어진 배역에 충실하게 감당해야 할 의무만이 남아 있을 뿐

텅 빈 관중석엔 무거운 침묵이 흐를 뿐
화려한 배우들의 그림자를 따라
이리저리 부유하는 불빛 속의 나방들처럼 떠났다

배우는 무명이란 사실도 잊은 채
땀을 흘리며 분장이 지워진 채로 열심을 다해 배역에 집중할 뿐

환호하는 관객들이 없어도 연극이 막을 내리는 순간까지 최선을 다한다

박수를 치며 스포트라이트가 비추지 않는 어둠 속에서도
어쩌면 단 한사람의 관객이 나를 지켜보고 있을지도....

조규옥

시인, 아동문학가, 수필가
경기도 고교백일장 장원(가을의 창),
광진구 여성백일장 장원(인생여행)
'월간 문학과 어린이' 동화당선, '계간 국제문학' 수필 당선
국제문학문인협회 회장(현), 사단법인 한국문인협회 회원(현)
광진문인협회 이사(현), 사단법인 한국아동문학회 부이사장(전)
수상: 서울아동문학상, 한국아동문학작가상 등 다수 등 다수

저서 ≪가을 들녘의 수채화≫, ≪가을의 스케치≫
≪야생화를 닮은 내 삶≫, ≪참 좋은 당신≫
≪내 인생 뒤안길≫, ≪책 읽는 나뭇잎≫등 10여 권

이 생명 다 할 때까지

사랑으로 맺어준
핏줄을 타고난 인생
세상 삶의 몫은
진실하게 정성을 다해
이 생명 다하도록
곧고 바르게 살리라
그 순간까지
그 날은 빠르게도
달려온다.

이 세상 삶

어버이
어버이 핏줄에서
세상에 태어나
영원한 것이란
무엇인지 모르겠다
바람처럼
그저 그렇게 스쳐간다
슬픔도 아픔도
모두모두 흘러갈 뿐
영원한 것은 없구나
이 세상에서 말이요
세상 삶이란
내 몫이라

이슬에 젖은 사랑

멋모르고 나섰더니
갈 길은 막연하구나
허탈한 마음에 그만
뒤돌아보니 머얼리도
앞만 보고 달려왔으련만
얼룩 투성 이로구나.
이제 남은 길은
얼마나 되는지 모르고
그저 너무도 외로움에
이대로 이슬에 젖는다

등대지기였던 그 사람

그대를 만나서
한평생을
봄꽃처럼 한결같이
화사한 미소로
그저 그 꽃처럼
무던히도 아껴주고
보듬어주던 그 사랑
언제나 따스한 그 마음
오늘도 그리움에
눈시울에 젖어드네

너와 나 약속은

물거품처럼
허무러진 그 약속을
오늘도 이렇게
잊지를 못하고
나를, 가슴저려온다
너무나 사무친 추억에
그만 훌쩍 떠나버린
너의 그 약속에 그만
가슴이 저려서
눈물을 삼키면서
너와 나의 약속을
잊지 못함에 눈시울을 적신다

추억은 낙엽처럼

낙엽이 우수수 지던
그날 밤
그 모든 것을 포기하려
새벽길을 나섰지
그 모든 것을 포기하고
허공에다가
꿈이었지 히면서
가로등불 아래로
굴러가는 낙엽 따라
비틀거리며 걸어가다가
그만 낙엽 위에 앉아
이 생각 저 생각 중
만난 그 사람이
삶에 대한 스승이었다.

남겨 준 그 한마디

배고픔보다
더한 것은
외로움이라더니
외로움보다
더한 것은
고독이라더니
고독보다 더한 것은
사무친 그리움이라
그렇게 외로워
그렇게 그리워
그렇게 고독해서
하루하루 삶이
못 견디게 슬프다더니
참고 견디며 살자더니
그렇게 영영 가시렵니까?

그림자

그림자처럼
어디를 가든지
함께 가자 하더니
지금은 무슨 생각에
잠겨 계시는지
저 하늘에 별 하나가
외로운 듯이 반짝인다
저 북극성 별처럼
언제나 홀로
반짝이면
바라만 봐 달라던
그 별을 바라보고
두 손 모아 기도드립니다

거치른 세상

거치른 세상에도
갈 길은 어둠에 묻힌 밤이라 해도
하늘이 있어서 좋아라
비구름에 눈보라가
거칠게 불어와도
저 하늘에 별이
다가와 따라오라네
이름 모를 작은 야생화
햇살 따라 오라고
손짓을 하누나

나를 부른다

산에서는
산새들이 부르고
숲속에서는
푸른 잎이 부르네
바닷가에서는
물새들이 부른다
하늘에서는
햇살이 부르며
하얀 물새가 부르며
별빛 따라
구름 따라 흘러가는
저 기러기들은
거침없이 그곳을
들락거리니
참 부럽구나

박 영 의

전북 정읍 출생
제17회 국제문학 신인작가상 시 당선
제11회 기독교문예 시부문 신인문학상
총회신학교 목회연구과 졸업
한국기독교작가협회 정회원
국제문학문인협회 후원이사

겨울 창

무섭도록 차가운 날이었어
빙판에 금이 가고
지붕 위의 바이올린은
망가져 버렸어
파랗게 질린 얼굴로 내려다보는
그 시선을 피했어
언젠가부터 생각만 해도
방망이로 막 두들겨 맞은 듯
머리가 아팠어
이대로 그냥 주저앉을까 봐
다리가 후들거렸는데
손톱만한 구멍으로
달빛 새어 들어오더라
꿈은 아니었어

가슴에 묻는다

하얀 발걸음으로 떠난 너
가슴에 묻고
발자국 따라 나를 묻는다

조약돌 같은 너를 보내고
내 마음 갈갈이 찢긴 상처
가는 곳마다 웃는 모습
엄마- 부르며 달려온다

산을 안은 운무보다
더 큰 손으로 너를 안아
차마 아까워
가슴에 다시 묻는다

몽당연필 춤추는 아침

새벽 동터오는 소리 들리나요
한밤의 고요 보물인 양 가슴에 안은
노처녀 가슴앓이
시들어 가는 별빛 머리에 이고
성황당 고개 너머 헐떡이는 할머니
이슬 머금은 풀숲 헤치며
밭고랑에 호미질로 아침 맞는 아낙
논두렁마다 물꼬 트는
허름한 바지의 사내를 보았나요

초가삼간 처마 밑 탱자나무 가지에서
재재거리는 참새
마당 앞 화단 꽃들의 하품 소리
상추 아욱 쑥갓 근대들의 세수하는 소리
감 대추 석류 살구 밤 무화과
때죽나무 호두나무의 아침
야들아, 밥 먹고 핵교 가야지
책보 속에서 국어 산수 사회 자연
두런두런 아침 자습 소리
양철필통 안에서 몽당연필 춤추는 아침

미망인

때 이른 아침
숲길 헤쳐 나가며
이슬 걷어내는 발길

밤새 흐느끼던 여인의
하소연이 변하여 이슬 되었을까
방울마다 서글픈 사연 매달았다

잿빛 하늘 안고
풀잎 사이 쑤근대는 언어
아픈 가슴에 칼바람으로

이십사 시간이
두려움으로 다가오는
젊은 미망인의 눈물

눈빛으로 말하는

저는 날마다 슬퍼요
나는 그에게 말했다
당신은 진정 슬픈 게 아니어요
정말 그대가 슬프다면
내게 아무런 말 할 수 없습니다
저 담장의 빨간 장미를 보세요
슬픔은 바로 저런 것
말로는 표현할 수 없는 핏빛이랍니다
가슴 열어 고백하는 아픔
눈빛으로 말하는 색깔이랍니다
정말 작은 소리로 말하세요
하늘 보며 미소로만 전하는
핏빛 장미의 속울음이 슬픔인 것을
그대는 왜 모르시나요
슬픔은 진정 사랑하는 사람에게
고백 못 하는 것
슬플 땐 무릎 꿇고 기도하는 것

그것은 사랑이었습니다

내 마음 이토록 떨림은
봄 개울가 움트는 소리였습니다
맑은 새들의 지저귐이었습니다
환희의 송가였습니다

가슴으로 노래하는 시인이며
온몸으로 찬양하는 아다다였습니다
보랏빛 너울 속 사랑의 날개 펼친
오월의 신부였습니다

아무에게도 나누어 주고 싶지 않은
그대의 미소 혼자만의 행복
뜨거운 가슴 안쪽에 깊이 간직하고픈 영롱한 꿈

갓 태어난 아기의 엄마 젖가슴이었습니다
새 아침 붉은 태양이 떠오를 때
빛나는 아침이슬
그것은 사랑이었습니다

길고 넓고 하얗게

한 상 가득
꿈을 놓았소
사랑을 놓았소

마음과 육신의 쉼터에서
그대 편히 쉴 수 있도록

부드러운 엄마 품속처럼
어린아이의 손에 들려진 솜사탕처럼
임과 나의 사랑처럼

내 주님 주신 은혜
여기에 쌓였노라
길고 넓고 하얗게

조기향

숨이 녹아내리면 이내 흐르는 인생길
우리 마음은 하나 멀어지는 듯 가까운 듯 달려온
우리 생의 여정은 별이 되어 그대에게 빛이 되지
때로는 숨 막힐 것 같던 세상도
그대 내 손으로 등 두드려 살고 헤어지는 일이야
고뇌라고 하늘과 땅이 울어 세상이 울어 세월 속에 잔다 해도
웃음으로 지새는 것은 잃지 않았으니
남는 것 없을 것 같은 인생사건만 부득불 이기려 함으로 달려왔지
아름다움도 깨끗함도 가슴 속 까만 죄의 잔재로 돌아
이겨낼 수 없는 아픔까지 곱씹을 때도
겨울 하수도 속을 걷고 있었지
그래 자네는 어떤가 또 나는 어떤가
인생살이 도토리 키재기지
한숨 섞인 푸념과 귀여운 새끼들 자랑
한낮 흘러가는 구름 같은 것
마음을 열게나 평안을 찾으려무나

씽긋 웃어 보게나 자네만 아픈 건 아니잖은가
우리 모두 아픈 것임을 눈물 글썽이거든 앞니 깨물어
지나간 세월 보내 버리고 찾아올 우리들의 미래 웃으려무나
내 가슴 속 함께 할 나의 친구여

어릴 적 비 오던 날

비 오는 날이면
어깨 쑤신다는
어머니 생각난다
보고 싶고 그리워진다

한 걸음에 달려가
어깨 주물러드리고 싶은 날
아랫목에 따끈히 군불 지펴드리며
좋아하는 굴 입에 넣어드리고 싶다

어릴 적 비 오던 날
콩 볶아 주고 부침이 해 주고
조선밀에 강낭콩 사카린 넣어 푹 삶아 주던
그 일을
지금 어머니께 해드리고 싶다

함평댁

눈물이 주르르, 생각만 해도
그 긴 세월 홀시어머니 시집살이에
속앓이 오래 앓던 어머니
친정 부모님과 잘난 남편 얼굴에 먹칠 않고
열 자식 어미 없는 새끼들 만들지 않으려
꾹꾹 피눈물 쏟으며 그리도 모진 시집살이
견디셨던 어머니
세월 흘러 그 무섭던 시어머니 배계임 씨 가고
북 치며 시조 읊던 남편 박내순 씨도 가고
어쩌다 맛있는 음식 드실 때면
나는 살아서 너희가 사다 준 거 이렇게 먹는데
예전에는 이런 것도 없었어야
시어머니 남편 생각에 목메이던 어머니
자꾸만 흘러내리는 눈물 닦았더니 이리도 쓰라린데
격포 앞 바닷물보다 더 많은 눈물 흘린
우리 어머니 눈 밑에 구멍 안 생긴 건
바로 기적 그 자체입니다

나는 너희 증조할아버지 할머니 아니었으면 못 살았어야
그 큰 사랑 서로 위로하며 끌어안고 울었다던
이제는 눈 어둡고 지치신 몸 뭐라도 한 가지 더
농사짓고 가꾸어 열 자식 나눠 주고 이웃들과 즐기네
이제 힘드니 쉬시라 하면
내 목숨 붙어 있으니 이렇게라도 해줄 수 있단다
어머니 이제는 저 천국에 가시는 그 날까지
주님 안에서 즐겁고 자유로우소서
우리 어머니

김 매 옥

시인
27회 국제문학신인작가상 운문부문 시당선
꾸준히 창작활동을 하면서
국제문학에 신작을 발표하고 있음

매화꽃

섬진강 물은 흐르고
언덕 위에 매화꽃은
흐드러지게 피었네

바람결에 꽃향기에
길을 가던 길손들이
걸음을 멈추네

시골마을

강원도 내 고향의
봄이라고
야생화 꽃 내음새
초록빛에 그만
내 청춘 그 시절이 떠오르네

아카시아 꽃

하얗게
피어 내린
아카시아 꽃
눈송이처럼
내리네

우리 집 아파트

봄이 오는 소리에
우리 아파트
담자락에는
찔레꽃이
하얗게
피어오르네

우리 고향
유년시절에
그 찔레꽃이
떠오른다

순을 꺾어
껍데기를
벗겨먹던
그 추억이
떠오르네

구례 산수유 축제

아름다운 봄이라
사방에서 꽃 축제가
한참이구 가는 곳마다
꽃향기에 그만
꽃길이 너무나 아름다워라

꽃길

이 세상에서
가는 길이란
꽃길이 있으면
이 생명 다할 때까지
아름다운
꽃길을 가고파라

벚꽃

뚝 길을
나섰더니
각양각색
꽃이
만발하여
눈부시게
아름다워라
오늘처럼
꽃향기에
젖어서
아름다움에
이렇게
꽃길을 걷는다

그 지난 날

천둥 벼락을 내리치던
그 날 웬지 청춘이지만
너무도 비바람에
두려움에 그만
하느님 아버지 어머니
부르면서 두려움에 그만
무섭고 움직이기에도
너무너무 무섭던 그 날

세상에 살아 있음이

배가 고파서
굶던 그 시절에
지금 지나고 보니
그 고통이 추억이 된다
죽음은 재촉 이는데
더 열심한 삶을

행복한 삶

굶어보면
밥의 소중함을

아파보면
건강이 큰 재산인 것을

불행하다고 생각하면
작은 행복이 소중함을

죽음이 닥쳐오면
이 세상이 행복했다고
그렇게 말 하겠지

김귀자

시인
국제문학 신인작가상 시부문 당선
국제신문 릴레이 연재소설 입선
국제문학우수작품상 수상, 제5회 한반도통일문학상 수상
국제문학문인협회 서울북부지회장, 계간 국제문학 편집이사
KPLUS 시니어사업부 지사장

저서
시집 『에덴을 향하여』
『헤르몬 이슬의 연가』
공동시집 『한국문학대표선집 싱그러운 계절』

목요일의 휴식

목요일 오후 두시엔
나의 스위트룸에 가자
가서 청순한 화원에 드러눕자
그리고 묵상을 만나자
그곳에 있는 진정한 휴식을 위해
수요일 밤엔 모든 걸 지우자
화장도 지우고
머리는 풀고
의상은 자유롭게

오 나른한 이 휴식
나의 온 몸으로 느끼는 안식이여
나의 온 영혼이 느끼는 안연함이여
그것이 명약이 되어
약효를 발휘하도록
두 팔을 길게 올리고
두 다리를 쭈욱 뻗어라
나의 모든 세포는 휴가를 떠난다
아름다운 나르시즘의 세계로...

밤의 묵시

어둠이 산을 뒤덮고
정적에 짓눌리듯
숨도 멎은 천지
달무리 흐르는 하늘 위에는
별 하나 없는 묵화의 강
시간 속에 정지된 공간이
조올고 있다

밤의 서정은 가슴에 파고 들며
오월의 밤바람은
님의 속삭임 같구나
향기로운 가슴처럼 다가오는 밤
방황하는 영혼을 어루만지듯
난 울먹이는 어둠의 시화를
황홀하게 바라보누나

연인

마주 보는 눈길
뜨거운 손
바람 속에서도
사무치는 두 개의 정성
달아오르는 불덩이 되어
강처럼 흐르는데

오!
넋 나간 두 사람이여
이 숨막히는 공간에서
미치도록 사랑하고픈
나의 연인이여
나의 연인이여

두 개의 빗줄기 모아
한 개의 울타리에 넣고
별을 쪼개어
꿈을 먹는 두 사람이여
아름다운 연인이여
아름다운 연인이여

겨울을 싫어하는 나

난 겨울이 싫다
그 차가움을 나는 싫어한다
난 겨울이 싫다
그 비정함을 나는 싫어한다

겨울엔 창백한 걸식이 있다
겨울엔
얼음을 닮은 죽음이 있다
겨울엔
눈 속에 묻힌 철저한 단절이 있다

이기와 냉혹의 겨울이
마음의 창을 닫게 한다
그래서 난 난
겨울이 싫다

어느 저녁에

어둠의 은빛 날개
회색 구름이 털을 날리고 있다
가등에 불이 이제 막 켜진다
도심의 세경은
서서히 쾌락의 하모니를 준비한다
사물들이 다급하게 어둠속에 갇힌채
전희의 곡예들이
불과 멜로디를 튕겨댄다

오늘도 밤의 한 자락은
말없이 어제처럼
소란과 네온의 전쟁 속에서
조용히 있을 뿐
자연의 정적만은 오늘도
철저히 말이 없다

타인이 된 벗들

세상 어딘가에서
늙어가고 있는 벗들
그리고 신음하며 사라지는
벗들! 벗들!
낯선 지붕 밑에서
각박한 현실론자들이 되어
늙어가는 주름들을 만지며
히이얗게 센 머리를 바라보며
오늘 하루를 보내시나요

가물거리는 추억들을 잊어가며
이제 희미한 기억들을 접어가며
회상의 어록들을
지우개로 지워가고 있나요
하나 둘 엮어왔던 청춘의 창을
이제는 저무는 황혼속에
닫아 버렸나요
조용한 슬픔과 그리움을 잊어버릴
마지막을 준비하나요

인간과 삶

현실은 가상무대
예약없는 프로그램
번뇌하므로 승화된 자만이
진정한 배우가 된다
각자는
나의 무대에서
자기 생애에 단 한번 주어진
배역에 성실을 다해야 한다
연습이 없는 무대에서
진정한 온유함으로
내면을 승화시키라
그리고 창조주께 가납되는
선함의 멧세지를 전달해야 한다

사랑과 모반

인간의 세계에서만
존재하는
사랑과 모반
그릇된 혀는 불이 되어
명예를 태운다
모반의 불은 삽시간에
인격이란 아게이트를 무너뜨린다

재만 남기는 불의 독
그 존재의 배후에는
사탄의 쾌소가 있다
불씨를 일으키는 혀는
두려움을 모르는 자
거룩한 분의 지혜에 의지하고
용서와 자비로 인내해야 한다

무차원의 진리

진리는
번민과 고뇌를 삼킵니다
무차원의 희락이 넘실거립니다
진리는
새 옷과 새 호흡 새 인간성을
선물합니다
망각과 환희의 교차로에서
불멸의 찬양이 두팔을 벌립니다
선행자만이 발견할
생명의 소식
무차원의 행복이 존재하는
값없이 받는 선물입니다
선행자는 죽음의 늪 속에서도
생명의 선물을 굳게 잡습니다

고수부지의 교감

한 낮이 눈 깜짝 사라졌다
해 저문 저녁 우리는 별아래 모였다
물위를 걷는 바람을 보며
즐거워하는 우리
고수부지의 강바람이
상큼한 우정을 건넨다

서루가 타인의 그림자 너머를
바라보며 잠깐,
서로의 인격을 교환한다
너는 내가 되고
나는 네가 되는
현실적 다정함이 존재하는 시간

삶의 한 자락을 뚝 떼어
서로의 마음을 어루만지는 어울림
인생의 여정을 나누며 함께 하는 시간
고수부지의 강바람은 살며시
모두의 심신을 교감하며 다가온다.

손 순 용

시인, 사회복지학박사
제1회 국제문학 신인작가상 시 당선, 국제문학 담양지사장
전)담양다문화지원센터장, 전)전남도립대학 초빙교수
전)조선대학교 외래교수, 현)담양군평화의소녀상 대표
현)호남다문화연구소장, 현)담양사랑복지연구회장

저서 : 『병풍산과 12지파나무』
『병풍산과 소녀상』 외 다수

병풍산 층층나무 - 인생 나무

병풍산 층층나무
한자리에서 빙 둘러 나온 가지는
일 년마다 층을 이룬다

내 층층나무의 뿌리엔
그 분의 섭리와 은혜가 있다
부모님의 지혜와 인내가 자양분 되어
푸른 가지를 내었다

학생이 되고, 어른이 되고
사람이 되었다
세월이 갈수록 가지가 늘었다
어느덧 새들이 깃들게 되었다

병풍산 층층나무 가지에는
오르고 내려갈 때마다
사랑으로 걸어둔
나의 인생 시(詩)가 있다
내 인생의 나이테가 숨겨져있다.

층층나무- 봄, 직장생활

차 한 잔

차 한 잔 드세요
많이 힘들지요
조용히 내려놓은 찻잔

안쓰러움 한 숟갈
미안함 두 스푼
그리고
고마움 한 컵
사랑 한 바가지가
찻잔 속에 담겨있다

입술을 적시고
가슴을 데우며
마음을 울린다

한 잔 차 속에는
한 인생의 인연이
녹아 있다.

층층나무-여름, 성지순례

젊음과 감사가 넘치던 시절
나는 행운의 별을 만났다
별은 시내산 정상까지 함께 하였다

새벽 미명 낙타의 뚜벅걸음
그 별은 하늘 높이 있었다
산 중턱 아직 어두운 때
별은 내 눈 높이에 있었다
어느덧 시내산 정상
그 별은 가까이 눈 아래에 있었다
새벽이 밝아 오고
찬란한 별은 소리없이
제 자리로 돌아갔다

누구나 오를 수 있는 곳
그럼에도 허락하심이 있어야하는 곳
순례자의 감격은 모세의 숨결로 살아나고
감사의 눈물로 아침을 맞이한다

층층나무 한 가지, 시내산 깃발이 걸렸다.

층층나무-가을, 담양군가족센터

담양군은 대나무의 생태도시,
죽녹원이 아름답지요
양지엔 햇볕 따사롭고 물 맑은 곳
12개의 읍과 면, 군민은 4만 6천여 명
순박한 시골 인심

가족센터에는 다양한 가족이 모입니다
족속과 나라는 달라도
14개국 340명 다문화가족
센터 직원이 담양의 가족을 지원하고 있습니다
터전을 담양에 내린 여러분의 행복을 기원합니다.

준비된 사람이 있었습니다
광신대학교와 전남도립대학교 외래교수
다문화연구 복지연구회장
담양복지재단의 공고 후
3일 만에 센터장이 되었습니다

햇살 따뜻한 사람들 마을
맑은 물 담양의 온담(溫潭) 센터장
층층나무엔 2년의 세월이 걸렸습니다
애틋함과 사랑이 함께 나이테를 그었습니다.

층층나무-가을, 대치지역아동센터

담양군에는 10개의 지역아동센터가 있습니다
양질의 아동복지서비스가 제공되고 있기에
군민의 관심과 사랑이 머무는 곳입니다
대전면 대치지역아동센터는 2006년 설립되었지요
치근대는 어린아이들, 말이 없는 아이들
지치고 힘든 아이들의 제2의 가정입니다
역시 미음이 동하는 곳이 안정된 곳입니다
아이들의 마음이 선생님과 하나 되고
동시와 시화전으로 병풍산이 함께하니
센터장과 생활복지사 그리고 꿈사다리교사
터전을 이룬 행복의 센터입니다.

지금까지 17개의 나이테
많은 행복과 사랑을 맺었습니다

대치지역아동센터 만세!

층층나무-겨울

봄 여름 가을 그리고 겨울
내 인생에도 겨울이 찾아온다
찬바람이 어깨에 불어온다
잦은 감정의 기복
몸뚱아리의 구석구석에
겨울의 조짐이 나타난다

이제 가보지 않았던 길
모든 인생이 가는 길을
나도 가야만 한다.

내 삶은 '험악한 세월'이었을까
다행스럽게 감사의 연속이었다
그분의 축복이었고 은총이었다

겨울이 오고 있다
나는 두툼한 외투를 입고
병풍산 층층나무에 기대어
인생의 겨울을 맞이하고 있다
남향의 햇살을 받으며 나이테를 그린다.

장맛비

시간이 강물 되어 흐른다
장맛비는
요란하게 소리를 더하고
물결은 빨라져만 가는데
우산을 든 사나이는
떠날 줄을 모른다

세상은 강물로 가득 차고
강물 위에
못다한 아픔
긴 외로움은
한숨이 흘러간다

메말랐던 대지를
흠뻑 적신 물은
신호등도 흰색선도 없는
길을 따라
강으로 향한다
강으로 흘러간다
그리움 가득 담고서.

별빛 그리움 소녀상

담양 소녀상은 자리하나 비워둔
기다림의 소녀상
누구든지 앉아 마음을 열면
꽉 쥔 주먹 풀어지겠네

광주시 남구 소녀상은
긴 의자 소녀상
같이 앉아 머리 기대면
누나와 언니 되겠네

광주시 남구의 소녀상은
소녀와 할머니가 함께 있네
사실은 한 소녀의 모습

이런저런 모양의 소녀상
각기 다른 아픔과 안타까움
우리의 마음에도
별빛 그리움으로 살아있네.

사귀어요

토요일이면 올라가지
일요일에도 올라가지
시간만 나면 올라가지

온담(溫潭)길
12지파 나무가 있고
마운(磨雲)대미 만남재가 있지
간혹 다람쥐기 마중도 나오지

삼인산 아래 쉼터엔
고달픈 인생들의
상념의 의자가 있지

오늘도 오르려니
딸애가 하는 말
"산하고 사귀어요?"

산은 친구이며
스승이고 언제나
나를 기다리는 애인.

그림자와 아버지

매일 밤이면
옆 초등학교 운동장을 달린다
부지런한 사람들은 이미 돌아가고
나는 고요함과 사색을 즐기며
흰색 트랙을 따라
내 그림자를 달고 달린다
차가운 수은등은
그림자를 앞에 보여주기도 하고
뒤로 돌리기도 한다

어느 순간 길어진 그림자 속에서
아버지의 모습을 본다
모자를 쓴 듯한 모습
약간은 긴 옆 머릿결
그러나 아버지보다 가냘픈 긴 목덜미에서
나는 내 모습을 본다.

보고 싶어서 보이는 걸까?
가을은 깊어 가고 찬바람은 얼굴을 스치는데
나는 초등학교 운동장에서 두 분을 만난다
그리운 아버지, 그리운 어머니.

이 오 연

시인, 화가
제4회 국제문학신인작가상 시 당선
개인발표 전시회 다수
경기대학교 예술대 및 교육원
홍익대문화예술원 강사 역임
제5회 국제문학우수작품상 수상
국제문학 수원지사장
·E-mail: art1000cc@hanmail.net

봄

빛이 구워낸
원형질 대지
봄이 온다.

초롱초롱한 영혼
긴 장벽 걷어
봄이 온다.

거친 바람
들판 흰 소 깨우며
매듭 풀어헤치며
봄이 온다.

봄날에   피어날 가련한 저 봉우리

붉은 황토사이로 내민 고운 싹 여린 들꽃 봉우리
하얀 별들이 송송이 뜰에 솟아난다.
정화수차려 떨리는 기도는 이슬이 된지 오래

아물지 않은 상처 저 들판에 바다에 하늘에 널려있네
두 번째 봄, 속모를 깊이의 서 바다를 본다.
봄의 눈부신 울림 앞에서 푸르름 속에 잠겨간 청춘들..

교정의 날개 짓 소리 아득히 멀어지고
속절없이 바라만 보다 절규 한다
못 내 보낸 자리
하염없이 눈물만 흐르네.
아직 그 영혼들 뜨겁게 우리 곁에 있네.

우리들의 아들딸들,
대한의 귀한 자식들

떠도는 영혼들에   잊지 말자는 다짐들..
아직 보내지 못하는 이 땅의 아버지 어머니들
잠들지 못하는 대지 곳곳에 비 내린다.

* 2015.3.25. 1주기에 쓴 추모시를 다시 꺼내 본다.
  다시 열 번째의 봄 - 잠들지 않은 땅, 바다, 하늘

동백꽃

실핏줄들의 합창이
열려진 흑의정령을 하고
산야를 채워 나간다.
붉은 속살을 밀어 올린 계절

찬연함에 가려진 뿌리
붉게 터진 흉터처럼 인내하였을
시간을 태우며 시린 기억들
너머로 인내하였을 너였지

동박새 날개 짓에
붉게 물들어 잠들어
식혀줄 한줄기 빗방울
대지는 평온 속에 피어나는
울림을 하고 반기는 초저녁

툭 투두둑
사그라지지 않은 흙색의 밤이 흐르면
대지를 열어젖히는 녹색의 싹들
교향곡 다섯 번째 차이코프스키 흐르고
웅장하게 여기저기 돋아나네!
누이는 한바구니 쑥을 내밀며
머릿결 한편에 동백꽃을 꽂아
하얀 희망을 밀어 올린다.

짙어지는 겨울비

색을 잃은 단풍잎이 바람에 뒹굴고 몇 번의
밤을 지나 계절 옷은 장롱으로 들어갔다.
마른 피부에 생기 잃은 날들이 검버섯처럼 늘어가는 계절
지구촌 광인의 일들이 일상에 번지고 공간은 괴성으로 얼룩지네!
악마의 그늘은 차가운 공기에 섞어 민얼굴로 내린다.

나는 지금 캔버스 화면 안에 있다.
21세기 백주대로에 공포의 대왕이 납시었나?
쇠 바구니와 덜 익숙한 바이러스가 차가운 얼굴을 하고
비 오듯 쏟아진다.
이건 미친 공간이다. 중늙은이들이 소중한 생명을 상대로 땅따먹기 놀음이라니

허기진 욕망의 얼굴을 하고 수십 개의 혀가 공중으로
살포된다.
대저 살육을 허가한 자들은 어디에서 왔는가.

집단욕망의 구렁텅이 속에 그들은 보란 듯 주인행세를 하고 있지 않은가?
만화경 속에 파리 대왕 잭의 비행은 언제 멈추지.

날것의 색이 화면에 난무하고, 녹색자연의 색들은 혀 속에 시들어 간다.
나는 지금화면 밖에 있다.
터져 나오는 비명, 어린소년의 튀겨나간 살점에 섞여 차가운 겨울비로 오고 있다. 긴 추위에 봄이 죽어간다

남방에서 온 편지

겨울비가 온종일 거리를 적신다.
빠지직 피~직 점멸거리는 가로등 달린 골목구석
낡은 전봇대 밑 네모상자 요란하게 말을 뱉었다.
새끼 강아지 몇 마리 멀뚱 내민 머리들이
알 수 없는 옹알이를 하며 빨간 파란색 눈망울 깜빡인
다.
황토 흙더미 군데군데 씻겨 거인의 배설물처럼 산을 이
루고
재개발 도심의 스산한 풍경은 파헤쳐진
포클레인 손의 커다란 아귀에 퍼 울려지고 있다.

아침부터 저녁까지 줄지어 선 하얀 손의 번호표 행렬
반짝이며 흔들리는 반사 빛이 하늘로 향했다.
순간 단파장으로 흔들리며 찍혀온 네모상자에
시뻘건 피 토하며 쏜살처럼 달려드는 불길
사막의 성난 모래 해일에 눈을 하고
초록 유칼립투스를 삼킨다.
하늘은 제빛 어둠으로 채워져 태양을 가렸다.

더딘 걸음 온몸으로 내 달려 나간 언덕배기
멈추지 않는 바람, 붉은 땀들로 얼굴 묻은 곳
기로에선 나의 친구들 생명에 소리들

거인의 뱃속은 아직 굶주려있다
나무는 숨을 멈춘 지 오래 노래하는 새들도 숲을 떠난다.
가쁜 숨으로 눈물 흘리는 코알라, 캥거루, 곤충. 수많은 생명들
삐~ 삐삐의~ 울며 서있는 까치
초점 잃은 눈망울에 절망이 선명하다
골목길 추적추적 겨울비 사선이 되어 내리고
피할 길 없는 새끼 강아지 눈에는
빨간 파란색 빛들로 얼룩진다.

영벽강 (映碧江)

그대 마음 섶을 풀어 헤치는 푸른 소나무
물결 위에 수놓아지고 일렁인다.
황금들판을 껴안고 흐르는 젖줄
장대한 세월을 쉼 없이 인고하며 뜰을 적시네.

연주산 언덕에 계절은 움트고 칡넝쿨처럼
질긴 언을 하고 꽃피어 살갑게 퍼져 나오는 향
반가운 손들 미소 내려 얘기 꽃피어나는 정자
그대의 마음씨앗들 푸른 대나무 숲에 맺히네.

영벽강에는 그대를 향한 서사가 메아리쳐 울린다.
용암 골골이 돌아 나오며 향기 머금은 은빛 물결이
넓게 펼쳐지고 대지는 향기를 불러내며 소곤거린다.
강은 그리움을 만들고 대지를 풍요로 불러낸다.

미소를 간직하고 달려간 바다

뭔가 필요했다
밤과 낮을 관통하며 소란스런 사각의 도심으로부터
급하게 벗어나 온전히 자신을 맡겨볼 그것
원초적인 숨결처럼 따뜻하게 받아주고
위무로 다가오는 숨통 트이는 수평선
오랜 기다림처럼 긴 선들을 보며
꾸역꾸역 갇힌 갈증이 언어 되어 쏟아지고
찌들은 표정은 덜 소화된 음식처럼
격하게 퍼지듯 토해낸다.

소금기 머금은 공기로 휘발되며
하나하나 자취를 감춘 그늘들
하늘 위 하얀 갈매기 날듯
가벼워진 몸들이 바다 위를 거닌다!
바다에서는 날지 못할 이유가 없다
그대를 위한 공간이 열려있다.

그렇다 용현에서는 까맣게 잊힌 시간을 넘어
회자되던 시대의 아름다움을 간직한 미소를 본다.
지친 나그네들을 흡인하며 위안하지
시멘트에 갇힌 온갖 수직의 광풍들과 소리를 덮고
자연 속에 자유하게 한다.

다시 안흥 바다에서면 그대가 보인다!
차를 끓여내는 손에 파도가 넘치네.
달구어진 하얀 우유가 포말처럼
소곤 소곤거리면 마음을 만져주는
소금기 섞인 바람은 노릇노릇 구워지는
시어들 앞에 향긋한 향으로 달려온다.

광합성 인간

태양의 시간에 맞춰 식사와 잠과 노래도 한다
아침엔 깨어난 태양에 맞춰 부스스 잠을 털어내며 일어났다.
중천에 해가 자리하면 몸은 스스로 신호를 보내며 허기를
채우는 행동들로 분주했고 오후에 들어 다시 저녁을 준비한다.
태양의 눈치를 보며 오늘 하루도 분주히 보냈다.
생각하면 365일을 태양이 처 놓은 창살에 갇혀서 살고 있다.
이곳에는 태양의 시간에 맞춰 식사도하고 잠도 자고 놀기도 한다.
포획된 벌레처럼 숱한 날 개짓과 강파른 괴성과 어쩌면 괴란적은 몸짓
날것이 되어 태양을 위해 춤도 춘다.

손이 움직였다 반복되니 굵고 거치른 살결에 굳은살이 자랐다

왼발에 이어 오른쪽 발이 천천히 계단에 한 발짝 내디딘다!
드러난 몸들에 연초록 실핏줄이 툭툭 선명히 돋아나 강물처럼 흐른다.
광합성 인간인가 밤새 잠들다 깨어나며 감겨진 태엽이 풀리듯 어깨
무릎 발가락 순번대로 스르르 움직였다.

무언가 수많은 조합의 실들이 아른거린다!
얽히고 매듭지어 연결하고 만들어지는 선들이 몸을 지탱하고 있다.
마리오네트다 강력한 빛들이 오며 여기저기로 실들을 감추고 있다
창문 넘어 연결된 한줄기 소리들이 유리를 흔든다.
깨어나라! 그대는 빛의 자식들이다, 밝은 복종에 당당히 일어나라!
실선들이 바람에 실려 어디론가 둥근 회오리 되어 오고 있다.

향기 이는 골목

작업공간을 오랜 시간 사용하다 옮기려니 간단치가 않다.
한적한 마을 이곳저곳의 골목길 발품을 하며 걷고 서고 평시에 그냥 지나는 길들도 세세해 진다.
숨차지는 오르막길에 청회색 화원이 보란 듯 서있다.
물 조리개를 펴들고 수분을 하는 꽃집 주인장 아저씨 봄볕에 길어진 그림자가 먼저 인사하듯 다가선다.
분갈이로 바쁜 아줌마는 흙 묻은 빨강장갑을 하고 눈인사로 하듯
이 동네 처음보이는 분이지요 한다. 네- 이 골목 빈 공간 있을 까하여서요.
장갑을 내려놓으며 아줌마가 얘기 하신다.
2층이 비어 있긴 하지요. 꽃 창고로 간혹 쓰긴 하지만 이 꽃들이 계절로 들어와
한숨씩 보관되는 곳이라 예 그라믄 향기가 골목에 퍼져요. 마을에 으뜸 이래요.
아- 그래서 향기가 중요하다는 거군요.

화원의 안팎들이 깔끔이 정돈되고 스치는 바람에도 향긋함이 밀려든다.
화원 부부는 모르리라 꽃향기가 계절별로 골목에 흐른다는 말에
골목길 어느 공간에 이미 내가 살기로 결정했음을.
골목길 사람들의 환한 미소가 문득 밝아 보이는 아침이다.

바람을 흔드는 붉은 광장의 존재들

이른 새벽녘 사각(四角) 화면에 푸른 얼굴들이 멈춰지고 숫자와 문자들이 빠르게 쏟아진다.
땅바닥에 내 팽개쳐 지고 따로 떨어져 조각나 강물에 둥둥 떠서 부유하는 주검들.. 들판 이곳저곳 산더미 되어 쌓였다. 대지(大地)에 어미들의 분노가 몸 전체로 퍼져간다. 악마가 동시대를 살아가고 있는 결과들이 온 종일 공중파를 점령했다. 계절은 어김없이 진달래 붉게 물들이며 산등성이에 피어나고 정적과 함께 찾아든 붉은 슬픔은 소리 없이 공간을 점령한다.
누군가 흥얼거리며 채널을 켰다 끄기를 반복한다. 얼음이 얼고 녹고를 몇 차례 저 공간 이 공간에 또 붉은 혓바닥으로 문자를 내뱉는다.
네모는 폭발하기 일보직전이다. 지구촌 삶이여! 이러한 울림은 임계점을 넘어 너에게로 갈 것이려니 깨어나 메시지를 올곧게 암송하여 기록 할 것이다. 철면피의 면상을 하루바삐 지구촌 밝은 광장에 대령하라! 바삐 멈춰서 하늘을 볼지니.

장영희

시인
1943년 충북 음성 출생
제22회 국제문학신인작가상 시 당선(2018)
광진구청장상 우수구민표창(2019)
제5회 국제문학우수작품상 수상
대문전매청 근무(전)

저서 : 『인생여정』
『세월에 비친 내 청춘』

정월 초하루

온가족 모인 날
미소를 짓는 날

나이 먹는 음식이라 했지
철없던 시절 오빠가, 너
이 떡국 먹으면 미리 할머니 된다
철없던 시절에 나를 놀렸다

그럼 나 떡국을 안 먹으면 돼

울고 울던 생각에
오빠가
그리워진다.

찬바람

어느 사이에
초겨울 바람이
볼을 스치고 지나가네

단풍잎은 낙엽이 되어
가랑잎 소리 내며
사그락 사그락
어드메로 가버리고

어느새 찬바람이
귓전을 스치우네.

아빠 엄마 나눔

오곡이 만발하여
풍요로운 가을이 오면

이웃과 함께 나누시던
엄마 아빠의 모습이
눈앞에 선하게 떠오른다

어린 우리에게
나눔을 가르쳐주신
그 모습이 선하다.

가을 재촉하네

가을바람이
싸늘하게 스치운다

추수의 계절이라
모두들 분주한 모습

저 붉게 물든 나뭇잎
저 고운 단풍잎
봄꽃처럼 곱구나.

들녘에 벼이삭

황금물결
넘실넘실

바라만 보아도
배가 부르시다 하시던
그 말씀이
지금도 귓가에 들려온다

가을 들녘의 풍요로움에
미소 지으시던 아버지 모습이
떠오른다.

고향

주마등처럼
떠오르는
나의 고향

봄이 오면
새들이 모여
노래를 부르고

울긋불긋 꽃이 피는
내 고향이
한없이 그리워지네

산에는 종달새
뻐꾸기의 노래 소리
가고파, 나의 고향

우리 집 담장

여름이 되면
우리 집 담장으로
뻗어가는 호박넝쿨

노랗게 피어오른
담장 위의 호박꽃
주홍빛으로 물들었네

어느새 애호박이
이슬 먹고 둥글둥글
주렁주렁 매달렸네.

오월의 풍경

어린 시절 오월 오면
밭고랑에 보리 싹이
노랗게 흔들거리고

보릿고개 넘어가려니
먹고살기도 힘들었던
그 옛날이 떠오른다

지금은
이렇게 풍성함에
감사를 드린다.

아카시아 꽃

하얗게 피어오른
아카시아 꽃

향긋한 꽃냄새가
온천지에 향기로우니

가던 길을 멈춰 서서
참 아름답구나!

바람결에
눈송이처럼 휘날리는구나.

고향의 봄

연둣빛이 찰랑이는
고향의 봄소식이
향수에 젖어드네

씨앗을 들고 분주하시던
어머니의 그 손길 그 모습이
눈앞에 아른거리네.

이 종 설

시인
1951년 경기 김포 생생
제18회 국제문학신인작가상 시부문 당선
前) 삼성코닝 유리연구소 삼성코닝 유리연구소 연구원(15년)
이성engineering (전기15년),
총회신학 박사학위과정수료(목사 19년)
현) 아산함께하는교회 담임목사

어머니(1)
-구순의 아침

모친께서 구순을 맞은 이 아침에
칠 남매가 모두 모였다
둘째 여식의 집에서 요양을 받으신다
어머니, 껍데기의 얼굴로
칠 남매의 얼굴들을 들여다보신다
우렁각시 빈껍데기가 다 되신 어머니

지난 날 꽃가마 타고 열여섯 새색시
복사꽃 흐드러진 마을 귀전리로
할미꽃 피는 언덕을 지나 오막살이집에
시집을 오셨네

어미 잃은 남매와 아빠 잃은 오 남매가
가슴으로 온 마음으로 사랑하며 눈물로 키워
나는 항상 행복하였어라 노래하신 어머니.

어머니(2)

1950.6.25. 이후 남편 저 세상에 보내고
창씨개명 일제시대
민족의 시련. 정신대 모병을 피해
아버지 따라 피란 온 귀전리에서
남편을 만났지

오십 년대 눈물로 남편 병간호하고
육십 년대 자식들 교육과 양육
칠십 년대 아들딸들 결혼과 부녀회장 봉사
팔십 년대부터 21세기에는 새마을 운동 부녀회장으로
잘살기 운동에 혼신을 다 하고
2005년 희수(77세) 효도 받고
병마와 싸우며 자녀 손주 증손 45명이 모두 건강하니
나는 행복하구나.

어머니(3)

팔순을 맞아 어머님은 행복하고 보람의 삶이어라
고향의 봄 봉숭아꽃 살구꽃 마을 주민들과 함께
봉사의 세월이어라

큰아들 내외의 극진한 효도를 받고
효자효부상을 받았고
형제자매 우애 좋아 큰 아들 팔순엔
감사패도 서로 나누는 고맙고 흐뭇한
풍경이어라. 이복형제 일지라도.

2018년 구순의 이 아침은
병마로 죽음의 문턱을 넘나드는 시간들
병고의 시간이어라
이 몸은 늙어가고 식어가지만
정신만은 맑고 또렷하구나

자손들아! 나 평생 자연과 함께
자연스럽게 숙명과 운명에 순응하며
살아왔다.

어머니(4)

너무나 가난하게 키워서 미안하구나
못 다한 사랑은 아랫사랑으로 찾아 나가거라
'나는 행복했다'고 말씀하시는 어머니

조상의 은덕으로 서로 사랑하라
형제자매 우애로 보듬어라
나의 마음 나의 바람은
내 꿈과 희망을 잘 따라주어 고맙다

"나라와 민족의 큰 동량으로 자라 거라"

모친의 유훈이 꿈결같이 들려오는
구순의 아침입니다

-2018.3.18.
구순의 아침에 셋째아들 이종설 올림

어머니(5)
-가시고

칠십을 다 하도록 이야기하며 살아온 우리 사이
온 나라 전체가 가난했던
그 어린 시절에도 오직 모성애로 키워주신 모친은
나 너 없는 우리의 어머니

꽃잎 떨어져 흩날리던 날에 어머니 부음을 접한 우리,
차마 흘리지 못하는 눈물 머금고
토박이로 사시던 곳 고향 귀전리로
석양을 향해 달려갑니다

허전함과 회한의 눈물이 앞을 가려
오늘따라 왜 이리 더딘 전철에
홀로 앉아 고개를 떨궈
갈 역 지나 내릴 역 지나가는지도 모르겠어요.

어머니 보내고(6)

돌이켜 보면 그 옛날 철부지 자녀 위해
고단한 잠 미루시고 장독대에 촛불 켜고
정한수 더 놓으시고 긴긴밤 하얗게 지새워
빌어주시던 어머니

고교시절 점심시간 풍경을 떠올리고
지금도 그 고마움에 추억의 입맛은
잊을 수가 없는데
가시자 그 품이 더 그리운 어머니

어머니! 우린 정말 몰랐습니다
어머니에 대한 그리움과
언제라도 안아드릴 수 있다는 안이함에 빠져
홀연히 떠나실 수 있다는 진실을
어머니의 그 존재 가치의 소중함을
우린 너무 쉽게 망각해 버렸습니다.

어머니 보내고(7)

진작 생전에 찾아뵙고 따스한 어머니의 손
한번 못 잡아 드리고 따스한 위로 한마디 못 올린
효자 친구 상주 우리가

아뿔싸! 이제 어머니의 영전에 모여 회한의 눈물만
말 없는 눈물은 술잔에 떨어지고
못 다한 아쉬움이 더해져 고개를 숙입니다

어머니! 온갖 풍파와 시련 속에서도
조건 없는 사랑과 희생과 모성애로
이처럼 후손들을 우애 정신으로 이루셨으니
부디 고통 없는 하늘나라에서
편히 잠드소서

-둘째 아들 고교친구가 효자상주에게 부음을 접하고
눈물로 써내려 간 조시를 고 이순복 어머님 영전에 바칩니다.

어머니 (8)
-님을 보내면서

고난의 세월을 강건하게 이겨내시고
가족을 위해 헌신하시며 자녀들의 삶과 희망을
일깨워 주신 고 이순복 여사에게
머리 숙여 고합니다

항상 인자하신 어머니로서 모든 인간관계에서
모범이셨던 고인은 귀진 2리의 주민으로서
다년간의 부녀회장직을 수행하면서
부녀회와 마을의 화합과 발전을 이루는데
앞장서서 모범을 보이셨던 고인께서는

이제 마지막 가시는 길
주민들과의 희로애락을 같이했던 일들을
고이 간직한 채 가시는 길 슬픔보다는
꽃길만 걷기를 믿으며 편히 쉬시기를

진심으로 주민 모두의 마음을 담아
삼가 고인의 명복을 빌며 흠향하소서.

-귀전2리 이장 이순의 , 마을주민 일동

어머니 (9)
-조사

무정한 세월은 유수와 같이 흘러갔지만
을해년 봄은 다시 돌아와서
한 세월을 넘나드시던 고향 언덕빼기에
복사꽃은 여느 해처럼 변함없이
흐드러지게 피고 있습니다.

님을 추모하는 지랏마을 부녀회원 일동과 주민 모두는
우리 마을의 여성 지도자로 그 업을 쌓으신
고 이순복 여사의 영정 앞에 삼가 머리 숙여 고합니다.

의표가 단정하시고, 성품이 온유하시어
새마을 사업이 한창이던 시절부터 강산이 몇 번이나 바뀌도록
마을의 발전과 화목을 위하여 물심양면으로 수고하신 덕분으로

우리 마을이 앞서가는 마을이 되도록 이끌어주신
그 공덕을 우리들이 어찌 잊겠습니까

높으신 유덕은 마을의 전설로
오래도록 기억될 것입니다.

-을해년 4월 22일 귀전 2리 노인회장 김진하 외 회원일동 올림

어머니(10)
-조사

허무함이 인생이런가요
우연히 득환으로 자손들의 효심과 백약의 효력 없이
유명을 달리하시니

하늘이 님을 우리 곁에서
모시어 갔습니다

묘연히 백운을 타고 자미선에 올라가셔서
신선으로 귀화하시옵소서

보내는 정 너무 애달파
눈물 흘려 적시우며
이별의 잔 올리오니
아! 슬프옵니다

약소한 상 차려 많은 술 올리오니
흠향하소서

-을해년 4월 22일 귀전 2리 노인회장 김진하 외 회원일동 올림

이 헌 석

시인
1963년 전남 신안군 출생
제26회 국제문학신인작가상 시부문 당선
한국방송통신대학교 국어국문학과
대한신학대학원대학교
화성시시립남양아동청소년센터장
현)태안장로교회 담임목사
저서: 독립전쟁의 뜨거운 땅 연해주 외

꽃 잔치

진달래
개나리
백목련 자목련
앵두
살구
청매화 홍매화
수선화

모두 모두
모였습니다

두 손 높이
향기로운 찬양으로

부활절
꽃 잔치를 하였습니다

오늘은
애기도 어른도
꽃이 되었습니다.

목포애

엄마 보고 싶어
목포에 내렸다

영산강에서
불어오는 봄바람인가
따스하다

담장 안에 핀
겹 동백은
곱게 차려입고
유달산 꽃 잔치에 오르는 여인같이 예쁘다

과일가게 아주머니
안녕하시요
목포 억양이 반갑다

야채가게 높은 곳에
너 다섯 개씩 묶여 올려진 파란 잎 달린
햇양파를 보니
달콤했던 엄마표 양파김치가 그립다

계란탁파송송
포장마차 라면국물도
시원하다

대추와 잣
계란 노른자 동동 띄운 쌍화차
형님과 함께하니
그 맛이 깊다

나는 오늘
엄마 품에 안겨
엄마 손 꼬옥 잡아본다

엄마 꽃

꽃을 참 좋아하신
우리 엄마
꽃이 오기를 기다리다

목련 보고 웃고
개나리 보고 웃고
아카시아 꽃 향기에 웃으셨다

눈부시게 하얀
목련이 다시 찾아왔다

우리 엄마
올해도
웃음꽃 피겠다

우리 엄마
날마다 날마다
마음 꽃 활짝 피겠다

파란 싹

비닐봉지 속에 있던
감자에도 봄이 왔나 보다
파란 싹이 나와
땅에 심어 주세요
더 많이 새끼 쳐서 데리고 올게요
감자마다 아우성이다

파란 싹을 도려내고
감자전을 부쳐볼까
된장국에 감자를 툭툭 썰어
입맛을 돋워 볼까

아니야 텃밭에 심어야겠다
감자를 들고 일어서니
옆에 있던 양파도 고구마도 당근도
따라나선다

그래 너희들도 밭으로 가자

노랑 수선화

강남에서 불어오는
바람 따라
앞마당까지 찾아온
노랑 수선화

우리 님
신발도 노랑
옷도 노랑
가방에 붙인 꽃도 노랑
마음까지 노랗게
물들여놓았네

저기 하늘에 피어 오른 햇살처럼
노랑 노랑 노랑향기
내 마음 가득해

이 향기에
키스를 보낸다

봄비

봄비 맞으며
봄비 들으며

감자 심고
봄을 심는다

반가운 봄비야

여기에도 저기에도
한강에도 대동강에도
소현샘 마음에도
근자언니 파란 가슴에도

보슬보슬 내려 앉거라

가을

살며시 내 곁에 다가와
손 내밀었는데
손잡아 줄 시간 없다
외면했어요

당신을 향한 타는 열정
알아달라 가슴 열어
다가왔는데
그대 눈 마주칠 여유 없다
애써 눈 감았어요

따스한 두 손 꼭 잡고
높디높은 산 오르자 하였는데
조금만 기다려 달라
미루었어요

이런 나를 슬퍼하며
끝내 눈 내리는 설국으로
떠나는 그대

무어라 말하리오
난 그대를
보내고야 말았어요

어쩌라고

12월 중순인데
20도 온도에
목련 개나리꽃이 핀다.

여름철 같은
장맛비도 쏟아진다

바로 이어서
하얀 눈까지 펑펑 내리고
영하 11도다

목련 개나리의
비명소리
우린 어쩌라고요

참새

오늘은 날씨가 춥다고
옷을 두툼하게 입고 나오라고
참새들이 짹짹짹

벗님들
두툼한 옷 껴입고
나오세요

자아
함께 또 나서 봅시다

박종국

시인
25회 국제문학신인작가상 시 당선
국제문학문인협회 회원
국제문학문인협회 중부이남지부 회원
국제문학시인대상 수상

저서: 시집 『미수(米壽)의 노래』,
『90세 어느 봄 날 이 생각 저 궁리』

새 세상

창조주 이 세상
아름답게 지으시고
인간을 지으시고
행복하길 원했겠지

수십 억겁 지나
너무 고루해
죄악의 카오스 팽만하여
차마 볼 수 없는 세상
다시 창조하시려나

물로 불로 파괴하고
지진으로 파괴하니
원인이 무엇일까, 생존경쟁이겠지

인간은 삼시 세끼 먹어야 하니
전능하신 창조주여
한 끼 먹고 백일 생존

먹거리 마련하면
생존경쟁 줄겠지요

인간도 날개 달고
자웅동주 하는 세상
서로 이해하는 세상

악한 마음 없는 인간
창조하면 좋으련만
지금은 먹고 먹히는 세상이니
악한 마음 발생하네

전능하신 창조주여
사랑과 행복 넘치는
새 세상 창조해 주소서.

어머니

가난했던 어린 시절
음악 시간에 노래를 잘 한다고
선생님은 남아서
따로
노래를 가르쳐 주셨다.

음악책이 없던 나는 어머니 손잡고
한나절 걸리는 먼 길
돌고 돌아 간신히 책을 사서
돌아오는 길
'점심도 먹이지 못해 미안하다'
울먹이시던 가난한 어머니

엄마, 나는 이 책만으로도 충분해요
점심 안 사줘도 괜찮아,
울지 마 엄마
그 시절 그 추억은 지금도
가슴이 아리다.

늘 자식에게 미안해하시고
고학으로 야학으로 공부하면서도
효도 한 번 제대로 못 해 본
불효한 자식
쓰리고 아픈 마음 그 누가 알랴?

봄

승리한 동장군
대지를 바라보니
어린 씨앗 추워 떨며
울고 있구나

동장군이 안타까워
남쪽의 꽃바람에
보드라운 사랑으로
돌보라 명령하고
살며시 물러가니

땅속의 씨앗들이
춤을 추며 솟아나네.

지렁이

한여름 더위에
산책을 하다 보니
콘크리트 바닥에
지렁이 한 마리
뜨겁다고 꿈틀꿈틀
구원을 요청하네

너는 우리의 좋은 동반자
얼른 숲속으로
이동시켜 주니
고맙다는 말도 없이
꿈틀꿈틀 도망가네

나는 생명을 구한 자부심에
기쁨이 넘쳐나니
이것이야말로 사랑이 아니런가

우리 인생 태어나서
무병장수 보난자 되어
행복을 원하지만
자연의 섭리 거역 못 하듯
인간이나 곤충이나
사는 건 동일하니

우리 인생 이 세상
잠시 오디세이 하는 것
이왕이면 서로 사랑하면서
즐겁게 살아가면
얼마나 좋을까.

삼우제 재회

바로 엊그제
무거운 육신 훌훌 벗어
이곳에 두고
영혼은 훨훨 날아 천국에 갔겠지요

이별의 슬픔이 이렇게도 아플까
당신을 못 잊어 가족들이 또 찾아왔네요
당신도 이곳에 와 있으려니
하나님의 보호 하에 잘 지내셨겠지요

그리운 당신 얼굴 상면하지 못해
안타깝고 설운 마음
눈물로 대신합니다

가족들 염려 말고
편안히 계시다가
훗날에 다시 만나 옛 정을 나눠보세.

기다림

그리운 당신 얼굴
못 본 지 어언 2년
누가 왜 어디로 데려갔는지
어떻게 살고 있는지
주소조차 알 수 없네

그곳도 봄이 오면
벌, 나비 춤을 추고
숲속에 교향악단 찾아오는지
지난날 당신 얼굴 장미꽃 비유
시를 써서 낭독하니
기뻐하던 그 얼굴 잊을 수 없네

동쪽 하늘 해님 함께 찾아오려나
남쪽 하늘 꽃구름 타고 다시 오려나

오늘도 먼 하늘만 바라보며
하염없이 기다리네.

세상에 이런 일이

12월 3일 추운 겨울
오전 예배드리고
기분이 언짢아
귀가하러 나오는데
홍 장로가 만류하여
정문까지 나오니
세상에 이런 일이

동지섣달 추위에
뱀 한 마리가
내 발길 가로막고 누워있네

나도 홍 장로도 놀랐지만
하나님이 내 마음
미리 아시고
뱀에게 명령하신 건가
잠시 생각하니

하나님이 나를 지극히 사랑하여
아서라 참아라
하시는 것 같아
다시 들어가 예배드리고
나와 보니 뱀은 사라졌네

나 같은 죄인
이렇게 사랑하실 줄
꿈에도 몰랐었네

오!
하나님 감사합니다
느긋한 마음으로
살겠습니다.

요지경

세상은 조물주의 요지경인가
해와 달이 숨바꼭질
윤회를 하면
인간은 검은 머리 파뿌리 되고
속리산 등산하던 힘
계단마저 못 오르네

마음은 청춘인데
노쇠하여 시간 가면
죽어야 하니
조물주의 섭리
누가 막을쏜가
젊어서 마음껏
즐기다 가세.

정이품 소나무

정이품 벼슬은 인간관직 서품
세조의 연이 지나실 때
스스로 가지 올려
직위 수여 받았다니
인지 능력 있었을까

600년 세월 건너 우리가 만났으나
얽히고설킨 설화 나누지 못함에
안타깝구려

젊어서는 우아하고 장엄했던 당신 자태
600년 긴긴 세월 늙고 병들어
가지 몇 개 사라지고
철지팡이 의지하여 상처흔적 달래며
당당히 서 있으니
얼마나 다행인가

다른 나무 암수 서로 사랑하여
후세를 이어가도
당신은 자웅동주
홀로 후세 이어왔으니
얼마나 고독했을까

이제는 나라에서 후세를 보호하고
만백성이 당신을
우러러 추앙하니
천년만년 건강하여
인고의 표상이 되어주소서.

우리말 나라 사랑

점심 식사하러 식당에 왔다
입구에 줄 서서 기다리는데
안내판에 쓰여 있는 내용
네이버 창을 열고
리뷰 이벤트 몇 가지
쓰라 한다

가만히 살펴보니
오나가나 외래어이다
우리글, 우리말은 어디로 숨어들고
온갖 난무하는 외래어들

여기가 도대체 어느 나라인지
앞뒤 사방 살펴봐도
우리나라 대한민국 사람들인데
세종대왕이
통탄할 일이다.

고 민 관

시인
호 : 楷正(해정)
광주대학교 공과대학 졸업
조선대학교 경영대학원 수료
나주시청 건설교통국장 역임
전남도의회 건설교통전문위원 역임
건설기술용역회사 대표이사 역임
대통령표창(2001), 녹조근정훈장(2009)

저서 : 내 인생의 순간들(2022)

그대 기다림에

늘 큰 산으로만
보였던 그대
어느 날 그대의
일하신 모습에
한없이 작은 언덕으로 보였던 그대

늘 강하게
보였던 그대
어느 날 그대의
나이 든 모습에
한없이 약하게만 보였던 그대

늘 단단해
보였던 그대
어느 날 그대의
힘없는 모습에
한없이 측은해 보였던 그대

그대 기다림에 지쳐
널 찾으러 갈 때
봄비는 슬픔이 기쁨으로
내 마음을 촉촉이 적셔 주네

그때 그 시절

봄날,
푸른 물살을 가르며
목포항으로 떠나는
연락선에 올랐다.

뱃머리 돌리는 배 위로
갈매기들 춤을 추고
다짐했던 청운의 꿈

언제였던가 그때가
다시 돌아올 수 없는 그 시절
떠올라 애틋하고 가슴 시리다.

겉보리 절구통에 찧어 자루에 담아
누이동생은 짐을 머리에 이고
선창 찾아 멀고 험한 길 걸었던 그때가

목포항에 내려서
두 눈을 멀뚱거리며
누군가를 찾던 그때가

샛길을 돌고 돌아 삼촌 댁 가던 길
목이 쉰 열차의 기적소리 듣던 그때가

나이가 드니

나이가 드니
흘러간 세월에 몸을 맡겨
아무런 감동도 느낌도
의욕도 없고 헛헛하기만 하다.
가슴에 남은 기억의 편린들이
새록새록 되살아난다.

텅 빈 것 같은 허무가
썰물처럼 밀려온다. 쓸데없는 공상이
풍선처럼 부풀어 올라 고민할 때가 있다.

가끔은 외로움에 시린 가슴
쓸어내릴 때가 있고
사소한 일에 쉽게 짜증이 나고
분노 조절이 어려워
늘 후회할 때도 있다.

지나온 세월 속에
기쁨도 있고 때론 눈물도 있었다.
추억은 아름답지만
그것만으론 속이 너무 허전해
욕심이 날 때가 있다.

나이가 드니
몸의 이음새가 녹슬어
계단을 오르면 소리가 난다.
이젠 모두 잊고 싶다.
그냥 무심해지고 싶다.

널 만나면

세월을
꿋꿋이 버티고 서 있는
공원의 소나무
정겹게 다가온다.

널 만나면
나로 인한 나의 아픔이
너로 인해 내가 기쁘고 슬프다.

널 만나면
너로 인해 날 찾지 않고
너를 통해 사랑을 배운다.

널 만나면
너로 인해 몸과 맘이 늘 푸르고
은은한 향기가 기분을 들뜨게 한다.

널 만나면
너로 인해 기쁨과 슬픔 모두 다
잊어버리고 맘이 편안하고 포근하다.

널 만나면
너로 인해 그 어떤 절망도 사라지고
봄처럼 설렘을 안겨준다.

널 만나면
너로 인해 위로 되고
변해가는 내가 좋다.

늘 고마운 당신

당신을 만난 지도
어느덧 반 백 년이
지나가고 있소
지금 생각해 보니
어찌 보내고 살았나 싶소

늘 혹독한 비바람
온몸으로 받아내던
나목(裸木)처럼
서럽고 쓰리던 지난날
초라한 내 모습 감싸주고
위로 해준 고마운 당신
얼굴엔 깊은 주름이 너무 많아졌소

늘 내 곁에 있어도
당신의 아픔을 너무나
헤아릴 줄 몰랐소
사소한 일로 벌컥 하는 내 마음

내 잘못도 당신 탓이었소
너무 안쓰럽고 미안하오!

늘 푸르던 젊은 날
우리가 함께한 그 시절
얼마나 정겨운 시간을 가졌는지
너무나 아쉬운 세월이었소

우리가 처음 만나던 날
가슴에 피어오르던 그 꽃
당신께 꽃등 하나 달아드리고 싶소.

벚꽃

길 양쪽에 길게 늘어선
연분홍 벚꽃들이
하늘을 수놓고
꽃구름이 피어올라
빼어난 풍광을 자랑한다.

무수한 꽃망울을 터뜨린
벚나무 아래 서면
바람난 듯 가슴 설레고
환하게 빛나는 공원길
꽃향기에 취해 걷는다.

어제는 눈부신 영광의
빛을 누리다가
오늘은 바닥에
떨어져 흩날리는
저 가여운 것들

네 모습이 너무 애처로워
그 꽃잎을 밟을까 봐
발밑을 살피며 조심히 비켜 걷는다.

생각난다

산 비탈진 고지대
밭 한 귀퉁이에
자리 잡은 정든 초가집
내가 태어나 자라고 살아온 그때가 생각난다.

무거운 짐 지게에 지고
비탈길 오르내릴 때 헉헉대는 숨소리
이마에 땀방울이 송골송골
다리는 후들거린 그때가 생각난다.

어두운 밤 혼자 걷는 길
누군가 자꾸 내 뒤쫓아 온 것 같아
걸음이 빨라지고 머리털이
쭈뼛쭈뼛 서곤 했던 그때가 생각난다.

오르막길 내리막길
힘들었던 길
굴곡진 삶을 살았던 그때가 생각난다.

오랜만에 찾아간 내 고향
부모님 따뜻한 숨결이 묻어 있는
초가집 흔적조차 없이 사라지고

어릴 적 뛰놀던 마당엔 무성히 자란
잡초에 예쁜 꽃들이 주인 인양
자리 잡고 반갑다고 손 흔들며 인사한다.

어느덧 일흔이 넘었는데
세월 잡아 둔 듯
추억이 새록새록 돋아난다.

아름다운 꽃 민들레

보도블록을 밟으며 걷는다.
손에 잡힐 듯 살랑살랑 부는 봄바람

보도블록 한쪽 한적한 곳에서
틈새를 비집고 피어난 노란 꽃이 보인다.

민들레 홀씨 하나 어디서 날아들어
밟히기 쉬운 이곳에

누굴 탓하지 않고 겨우내 숨죽이며
기다림에 뿌리들은 얼마나 힘들었을까?

애처롭게 그리워지는 민들레꽃 한 송이
나만 외로운 게 아니었구나!
네 얼굴 보기가 눈물겹게 어여쁘다.

밟히고 뭉개져도 솟아나는 민들레
아등바등 바삐 사느냐고

숱하게 널 밟고 지나간 줄 몰랐다.

그 꽃도 홀씨 되어 들바람 타고
어디가 뿌리내려 꽃 피는 날이 오겠지
어둡고 험한 곳이라도 마다하지 않고

익어가는 가을

가을 정취가
물씬 풍기는
산과 들이 익어가고
하늘도 익어간다.

당신의 말씀이
무르익어 가고
꿈도 익어가고
햇살도 곱게 익어간다.

흐르는 물은 점점 익어
너른 강이 되어가고
시인의 서정(敍情)도 익어간다.

익어간다는 것
모진 세월 속에
어른의 참모습이 되는 시기다.

그렇게 시간은 흐르고 흘러
우리도 저녁노을처럼 익어간다.

인고의 시간

외로운 겨울밤을
견딜 수 있는 것은
꼭 만나야 할 사람이 있기에

괴로운 순간에도
무너지지 않는 것은
희망을 속삭여 주는
그대의 음성이 있기에

엄동설한의 서러움에도
눈물을 꾹 참는 것은
꽃피는 봄날의 약속이 있기에

한겨울 용감하게
나목이 되어 있는 것은
강하고 대담한 삶의 비결을 알기에

시련 속에서 피는
꽃이 아름다운 건
삶의 향기를 담고 있기에...

김 샬 롬

시인, 목사, 선교사,
• 제27회 국제문학신인작가상 시 당선,
제5회 한반도통일문학상 수상, USA 베다니대학원기독교교육학박사
(주)PETER'S GARDEN 경영 이사, (주)PETER`S GROUP 경영이사,
사)한민족운동지도자연합회 부총재, 월드미션총회 부총회장,
(주) PASTER GARDEN선교회장,CAMBODIA Kompung thom
선교센터 원장, 한민족연합교회 대표, 글로리아 선교단 대표

Gas Lighting(가스라이팅)

지평선 너머의 하얀 파도들
옥색바다가 펼쳐지고
파도 부디치는 소리는
아름다운 꾀꼬리의
웃음소리 처럼 가슴에
널리 널리 울려 퍼지네

부표와 그물 속 그리고
통발에 들어와서 갖가지
자태로 뽐을 내며
얼굴 자랑으로 가득한
각양각색의 아름다운
모습의 해산물들!

껍질을 살포시 깨고
바지락의 속살을 먹고 자란
연한 게는 왕방송이
가제로 탈바꿈했네
너의 변신은 아름다운
거듭남의 모습으로!

민첩한 모양의 꼬리로
흔들어대는 장어들은
서로서로 힘자랑 하네
가제를 넣은 시원한
어부들의 맛난 된장국 맛!
아! 오늘도 내 고향의
정취와 남해의 푸른
정경이여!
나의 사랑하는 동역자와
아름다운 추억을 상급으로
하늘 보좌에 면류관을 드리고 싶다!

성령의 역사에 불붙듯
기름 부으실 주님!
깨달을 수 있도록 나의 삶에
우리의 삶에 Gas Lighting
하신 그분께 감사 드리세!

하늘 닮은 노래

청명한 파란 하늘 가득
그리움을 안고도 속으로만
삼키는 마음을 당신에게
노래하고 싶다.

청색기와 지붕 위에 가련히
매달린 내 마음의 슬픔이여!
가슴 태우며 애절한 그리움을
당신에게 노래하고 싶다

거룩한 보좌와 천사들의
노래와 하늘 닮은
세레나데를 사랑하는
당신에게 노래하고 싶다

마음으로 모자라 나의 온몸을
두드리며 슬픈 나의 사연들을
당신에게 노래하고 싶다

피안의 세계에서 불어주는
바람의 노래 나의 옛이야기처럼
가슴 저리며 부르고 불렀던
그리움의 고백이었음을
사랑하는 당신에게 몸으로
노래하고 싶다.

나의 애달프고 간절한
천국의 노래!
면류관을 가슴 조이며 간절히
기다리는 나의 삶의 전부를
당신에게 노래하고 싶다

의의 면류관! 생명의 면류관!
영광의 면류관!
오! 오!
나의 상급을 몸으로
노래하고 마음껏 부르리라!!

예비된 면류관

멈추지 않은 갈증 속에서
칠 흙 속에 등불이 되어주길
나의 갈급한 심령에
신기루처럼 신비의 세계로
가득 채우리라
사랑하는 당신의 마음을!

쓰라린 심령 속에
치료의 광선을 허락하소서!
당신의 허전한 가슴속에
하늘의 별과 달을,
그리고 성령으로
가득 채우리다!

작금의 쓰라린 사연들을
복된 걸음의 행보로
탈바꿈하리라
당신은 나의 등불!
애달픈 쓴 뿌리에 당신은
우주의 빛이여라!

히말라야 빙산 위에
빛을 내리듯이
우리의 양과 동역자들에게
허락하소서!
당신의 온유한 심령을!
메마른 대지 위에 단비를 내리듯이
당신의 겸손한 마음이
나의 사랑스런 열매들에게 허락하시길!
일어나라 빛을 바라라
그 나라를 향하여!

당신의 상급은
어떤 면류관으로
예비하셨을까요?
구별된 삶을 드리기 위해
몸무림 쳤던 에고이스트여!
갈등의 연속이었던
내 삶의 무게 속에서
간절한 소망이었던 당신!
나의 유일한 희망이여
당신은 보배로운 산돌!
지긋이 눈을 감고
바라 본다 당신이
예비한 면류관을!

contingency Plan(미래의 계획)

키가 너무 작아서 키가 큰나무를
넘지 못할까 봐서 키 작은 나무를
이곳에 조용히 가두어 두었네

키가 작은 나무를 보호하기 위해
주님은 밤이 새도록 키작은 나무를
천사들을 보내어 지키고 보호하셨네

키가 작은 나무는 시위대 안에서
가만히 가만히 숨죽이고 있네

별과 별의 영광 달의 영광
해의 영광!
그분의 나라 이야기 그분의 섭리를
기록하라고 허락하심에 감사하네

지난 태풍

밤사이 몰고 온 비와 구름으로
나의 꿈은 깨어졌다

황폐해진 네잎 크로바의
희망의 밭이여!

눈물의 기도와 나의 목메임이
사상누각으로 변해 버렸다

그분의 위로와 상큼한
사랑의 세레나데와

하늘 보좌의 삼층층에
아름다운 면류관을

드릴 수 있는 상급만이
우리 모두의 삶의 목표

이제 우리의 희망과 사랑의
향기로 가득 채워지리라!

장마 지난 하늘

풀밭에 향기가 코를 자극한다
옛 시골집의 향취가 맴돈다

구름이 다시 몰려올 것 같은
느낌에 태풍이 몰고 온 스산함

쓴 뿌리의 아픔과 갈등의 연속
하늘의 맑고 고운 빛으로 품으소서

저 푸른 하늘을 다스리듯이
허물 많은 자녀들을
능력의 장중에 붙드소서!

사 명

지난밤의 태풍에 여지없어도
오오 황폐한 절망이여,
눈물과 오열의 목 메임이여!

꿈은 깨어졌다 꿈꾸었던 희망이
사상누각이었네

너와 나와 우리의 가슴속에
이제 우리의 사명만 그윽한
향기로 가득 채워지리라!

그분의 위로와 상큼한 사랑의
세레나데와 하늘 보좌에
삼층층에 아름다운 면류관을!

이제 새로이 눈을 열고 하늘에
드릴 수 있는 상급만을 바라라
우리 모두의 삶의 목표이어라!

눈물 없는 울음

유리창을 타고 줄줄 흘러내리는
빗물이 운치를 더해준다
빛줄기는 한 줄의 시가 되고
한 소절 한 소절 노래가 되면서
마음을 타고 흘러내린다

방울방울 맺힌다 작은 빗방울이
유리창을 흐르며 커지는가
싶더니 또 그르르 굴러 내린다
그 빗방울이 나의 마음을 타고 흘러내린다

그리운 이의 얼굴이 빗방울과
매치 되어 떠오른다
문뜩 솟는 그리움으로 내 마음이 젖는다
나의 마음을 타고 흘러내린다

그리움을 굴리며 떨어지는 빗방울 수만큼
아린 추억도 함께 굴러내린다

나의 젖은 마음이 비를 울리고
젖어 드는 유리창은 나를 적시고

그리움인지 추억인지 비가 되어 내린다
내 마음에 눈물 없는 울음이
비가 되어 하염없이 내리고
멈추지 않는 눈물 없는 비가 되어서

파도

남색 하늘에 흰 구름 두 점
살포시 얼굴 내민 태양
마당에 네잎 크로버를

찾아서 행운의 여신의
축복을 받고 싶은 연보라색
차림의 한 여인

작은 운동장의 행운을
찾고 찾는 그들과
책을 읽고 있는 겸손한 그녀

양들이 다칠까 염려하는
목장의 눈빛으로
노심초사 눈빛을 주고 있네

따뜻한 그녀의 아름다운 마음이
감동으로 가슴으로 밀려 들어와
나의 마음에 파도를 일으킨다

님의 음성

청명한 가을 하늘 아래
님의 이름 간절히 불러본다

나의 아들의 한을
풀어주시리라
외치고 외쳤던 님의 이름

그의 음성 이제 잔잔한
미소로 응답 주시네

이태범

등단 2015년 제10회 ≪국제문학≫ 시 부문 신인작가상
전남대학교대학원 국어국문학과(현대시) 석사, 박사수료
저서) 『청개구리 시험지』(2020),
공동저서) 『푸른동산의 꿈』(2021), 『싱그러운 계절』(2022),
『우리들의 시와 이야기』(2023).
한국문인협회 회원, 전남문인협회 편집국장, 전남시인협회
이사, 영광문인협회 사무국장

수상경력
2018년 6월 ≪국제문학≫ 작품상 우수상
2019년 제3회 한반도통일문학상 대상
2022년 제4회 호남문학상

이메일 : seohae-com@hanmail.net

연

깨지는 것이 두려워
부딪히지 않고 살아왔던 날들
피한다고 깨지지 않는 것이 아니란 걸
훌쩍 커버린 뒤에 알았거니와
부딪히면 깨진다는 발상의 오류를 인지하기까지
얼마나 많이 부딪히며 살아왔던가
부딪히고 깨지면서 강해진다는 허튼 말들이
허공을 떠돌다 내 어깨를 누르며 조롱하던 그때,
바람을 온몸으로 맞서며 솟아오르는
방패연의 늠름함에 고개를 떨구었다
원을 그리며 뱅글뱅글 돌면서도 꼬리를 힘차게 흔들며
더 높이, 푸른 창공으로 오르는 가오리연의 집념에
하얀 눈 속에 내 뜨거운 낯을 숨기고 싶던 그때,
바람을 피하지 않는 연처럼 살겠노라고
바람이 거세질수록 더 높이 올라 우주로 향할 거라고
바람을 등지지 않는 한 추락하지 않는 연처럼
이겨내지 못할 바람이 어디 있겠느냐고 곱씹으며
눈을 뜬다 고개를 세운다 바람을 새긴다

5월 푸른 세상

산들바람 부는 푸른 벌판을 누비며
바람의 호흡 따라 춤을 춘다
아카시아 하얀 눈꽃송이
바람 장단 맞추어 춤을 추고
쑥이며 고사리며 드릅나무며
사이좋게 눈맞춤하며 춤을 춘다
냇가 흐르는 물소리 장단에
올챙이도 개구리도 거머리도
요리조리 몸을 흔들어댄다
밤이 낮에게 시간을 양보하며
해에게 자리를 내어주는 시간이 늘수록
세상에 춤을 추는 모든 것들은
춤을 추며 서로의 장단에 맞춘다
참새도 제비도 다리 가느다란 학도
개미도 병아리도 강아지도
바람의 호흡과 물소리 장단 맞춰
춤을 춘다 춤을 춘다

가을에

스산한 바람을 가르는
어둑어둑한 어느 가을 저녁
설레는 마음이 붉은 노을에 기대고
희미한 옛 추억은 쌓인 이야기 풀어내어
서산으로 긴 발을 주욱 늘리는데
아, 친구 같은 가을이 참 좋다.

달빛 따라 울어대는 가을 풀벌레
잠든 가슴을 깨워주고 달래주네
바스락바스락 낙엽들의 이별 노래
더욱 구슬퍼지는 어느 가을날
허전한 가슴을 채워주고 안아주는
아, 애인 같은 가을이 참 좋다.

그대를 사랑해

보고 싶다
볼 수 없을 때까지

듣고 싶다
들을 수 없을 때까지

느끼고 싶다
느낄 수 없을 때까지

말하고 싶다
사랑한다 그대 영원히

감사해 사랑해 행복해

으샤으샤 으라차차 힘을 모으자
앞에서 끌어주고 뒤에서 밀어주면
외롭지 않아 우린 이겨낼 수 있어
눈을 맞추고 손에 손잡고 감사해

으샤으샤 으라차차 힘을 모으자
못하면 토닥토닥 잘하면 쓰담쓰담
기죽지 않아 우린 잘할 수 있어
눈을 맞추고 손에 손잡고 사랑해

으샤으샤 으라차차 힘을 모으자
미울 때 용서하고 이쁠 때 안아주면
괴롭지 않아 우린 함께할 수 있어
눈을 맞추고 손에 손잡고 행복해

노을길에 물드는 노을종

아침 햇살 따사로운 영광의 빛이 올라
황금벌판 풍요로운 인심 좋은 대덕산
옥당골 높은 정기 태청산을 바라보고
정겨운 맨발의 황톳길에 행복한 물무산
성스러운 불갑산은 상사화로 물들었네

칠산바다 해안길에 해당화 활짝 필 때
곧 온다며 가신 내 님 오매불망 곧올재
어스럼 노을길 따라 행복 찾는 노을종
하늘 바다 입맞춤 괭이갈매기 끝없는 사랑
천년의 빛 옥당골은 황금으로 수놓았네

봄 봄비 봄바람

하마터면 눈발인 줄 알았습니다
봄바람에 흩어지는 벚꽃
착각이었습니다 오해였습니다
봄이 오는 길목 외나무다리
되돌아가는 겨울의 시샘으로
패잔병들의 마지막 저항인 줄
알았습니다만 오해였습니다
겨울은 초라한 뒷모습 보이지 않고
끝내 뒤돌아보지 않고
아름다운 뒤통수만 보이며 떠나갔습니다
봄은 기세등등하게 봄비도 데려왔습니다

봄맞이

살랑살랑 봄바람이
대지를 깨우고요

흥얼흥얼 봄햇살이
새싹을 응원하고요

보슬보슬 봄비가
논밭을 재촉하고요

삐약삐약 병아리들
봄맞이 노래 불러요

세상 이야기

하늘에선 청명한 하늘 이야기 속삭이고
바다에선 가슴 넓은 바다 이야기 속삭인다

들에 가면 풍성한 들 이야기 나풀거리고
산에 가면 고귀한 산 이야기 나풀거린다

학교에선 외로운 이야기 교실을 맴돌고
요양원에선 답답한 이야기 병실을 맴돈다

정치판에선 시민 없는 날 선 이야기 코를 베고
난장판에선 난무한 가짜 이야기 숨통을 조인다

잘하나 못하나 오늘이 보물

엊그제 파릇한 새싹이더니
어느새 머리에 단풍들었네
누구를 원망해 탓해서 뭐해
미우나 고우나 내 인생인 걸
무심한 세월을 어찌하리요
흐르는 세월에 맞장구치며
인생을 즐기며 살아가야지

운다고 올 것이 오지 않으랴만
어차피 인생은 한 번이라오
지나간 어제는 들춰서 뭐해
힘겨운 오늘이 보물인 것을
잘하나 못하나 시간은 가네
흐르는 세월에 맞장구치며
콧노래 부르며 살아가야지